F. Gandini

LEÇONS DE MOTO
CONDUITE SPORTIVE

ÉDITIONS DE VECCHI S.A.
52, rue Montmartre
75002 PARIS

Malgré l'attention portée à la rédaction de cet ouvrage, l'auteur ou son éditeur ne peuvent assumer une quelconque responsabilité du fait des informations proposées (formules, recettes, techniques, etc.) dans le texte.
Il est conseillé, selon les problèmes spécifiques – et souvent uniques – de chaque lecteur, de prendre l'avis de personnes qualifiées pour obtenir les renseignements les plus complets, les plus précis et les plus actuels possible.

À Samantha qui, bien que ne pratiquant pas personnellement la moto,
a fait preuve d'assez de passion et de patience pour suivre, ligne à ligne,
la rédaction de cet ouvrage

Nous remercions : Troy Corser (pilote superbike), Aprilia (moto), Belgarda (importateur Yamaha), BMW (moto), Numero Uno (importateur Harley Davidson), Numero Tre (importateur Triumph), Michelin (pneumatiques), Dainese, Hjc, Spidi e Tucano (habillement) pour le matériel photographique mis à notre disposition. En outre, nous remercions, pour la gentillesse dont ils ont fait preuve lors de notre collaboration pour la réalisation de cet ouvrage : Greenmotor (Milan), Sacchi (Milan) et l'association sportive Ten-Cross 92 (Lazzate, Milan).
Enfin, il faut adresser un remerciement particulier à la Fédération française de motocyclisme qui a fourni bon nombre de données concernant les compétitions et l'initiation à la moto sportive.

Traduction : Nelly Turrini

Contribution rédactionnelle : Bruno Grelon

Sur la couverture : Troy Corser en selle sur sa Ducati superbike

Les dessins des pages 16, 17, 23, 33 et 34 sont de L. A. Grafica sdf

Imprimé en Italie

INTRODUCTION

La moto est une passion, nul ne songe à le nier. Il y a quelques années encore, les « fanatiques » des deux-roues devaient se résigner à subir sans broncher stress et fatigue : la fiabilité des engins était limitée et les vêtements ne pouvaient pas lutter efficacement contre la pluie et les froidures hivernales.
Aujourd'hui, en revanche, toutes les motos fonctionnent sans problème, quelles que soient les conditions climatiques et quel que soit le parcours. D'autre part, les nouveaux tissus, grâce au progrès technique, permettent la production et la commercialisation de tenues beaucoup plus efficaces et pratiques, ce qui contribue à allonger de façon significative la saison pendant laquelle il est possible d'utiliser la moto. Entre-temps, dans les grandes villes, la circulation est devenue de plus en plus difficile, et les deux-roues, les motos et les scooters étant les seuls véhicules capables d'éviter les embouteillages et les files d'attente, le nombre des motocyclistes a fortement augmenté. Par ailleurs, en dehors des agglomé-

rations urbaines, la moto a remplacé partiellement la bicyclette, certes plus économique, mais, oh combien ! plus fatigante. Grâce aux nouveaux deux-roues vous pouvez désormais effectuer rapidement tous vos petits déplacements, sans être obligé d'enfiler une tenue spéciale et sans renoncer à emporter une valise ou un sac à provisions.
Cet ouvrage s'adresse à tous les motocyclistes : d'une part bien sûr, aux passionnés, à tous ceux qui avalent des kilomètres aussi souvent qu'ils le peuvent. Ceux-là tireront parti d'un certain nombre de conseils et de notions indispensables, présentés tout au long de cet ouvrage. Nous avons souhaité les aider à cultiver leur passion, en améliorant leur technique de conduite et donc en renforçant leur sécurité en toute circonstance.
Mais ce livre est aussi destiné aux « nouveaux motards » et à tous ceux qui sont venus à la moto plus par nécessité que par vocation et qui y trouveront des éléments utiles pour faciliter leur vie sur deux roues.
Enfin, cet ouvrage s'adresse aux jeunes, à qui certains reprochent d'être « tout feu tout flamme » ou un peu tête en l'air... J'aimerais leur suggérer de considérer la moto d'un œil plus froid et plus détaché, de moins se préoccuper des modes et de ne pas se focaliser sur les compétitions, même si cet univers est fascinant. Ce livre donnera également à ces jeunes un certain nombre de conseils précieux. Tout d'abord, celui de ne pas martyriser les oreilles de leurs prochains et de ne pas s'attirer tous les ennuis qui peuvent découler d'une conduite dangereuse.
Afin que tous les conseils et toutes les notions techniques exposés dans cet ouvrage soient les plus clairs possibles, nous avons choisi d'illustrer abondamment le texte. Dans chaque chapitre, après une brève présentation, qui donnera un cadre général du sujet abordé, nous présenterons des photographies et des dessins indiquant les aspects essentiels qu'il est nécessaire de connaître pour ne pas commettre d'erreurs graves lorsque l'on utilise ou choisit une moto. Nous avons essayé d'aller au devant de toutes les questions que vous pourrez vous poser lorsque vous aurez enfourché votre deux-roues. Pour des raisons d'espace, nous n'avons pas toujours pu remonter aux origines ni décrire l'histoire des solutions techniques adoptées à l'heure actuelle sur les motos. Contraints de choisir, nous avons donc privilégié la moto d'aujourd'hui.
En conclusion de cette introduction, je voudrais vous souhaiter, à tous, beaucoup de joie sur votre moto et vous féliciter d'avoir choisi de maintenir vivante cette tradition, qui, malgré les assertions de quelques détracteurs, constitue un moyen de locomotion écologique et moins dangereux que ce qu'il pourrait sembler de prime abord.

CONNAÎTRE LA MOTO

11
DUCATI
916

LE BON CHOIX

L'on dit communément que la beauté du monde réside dans sa variété. Or, à mon avis, il n'y a rien de plus varié que la « faune motocycliste ». Essayez de demander aux motards que vous connaissez pour quelle raison ils ont choisi ce moyen de locomotion. Vous constaterez alors probablement qu'une seule réponse revient systématiquement : la sensation de liberté. En effet, la liberté de mouvement est l'une des caractéristiques essentielles de la moto. Il est possible, grâce à elle, de gravir les chemins les plus escarpés, de se garer facilement en plein centre ville, d'éviter les longues files d'attente sur l'autoroute ou les embouteillages des heures de pointe et de s'amuser sur une route sinueuse. Mais, bien entendu, le sentiment de liberté dont parlent les motards va souvent bien audelà de ces simples aspects pratiques. Pour ce qui concerne les autres raisons, multiples, qui poussent à l'achat d'une moto, on peut les regrouper, grossièrement, en fonction de l'âge de la personne concernée. L'adolescent désire surtout avoir une petite moto pour augmenter sa propre mobilité, même si le facteur social, c'est-à-dire la volonté d'identification à un groupe n'est pas un élément négligeable. Lorsque les raisons de cette attirance pour la moto se réduisent à ces aspects, dès que l'adolescent atteindra l'âge fatidique des 18 ans, il abandonnera probablement la tribu des centaures pour se réfugier dans une « boîte en tôle » bien plus confortable (je parle, bien entendu, d'une automobile), qui présente des avantages indéniables, mais qui, à mon avis, est beaucoup moins amusante et attrayante que la moto.

Une fois dépassé ce seuil de la majorité, si la volonté de rouler sur deux roues subsiste, chacun devra faire un choix bien ciblé, en tenant compte de ses besoins spécifiques, condition indispensable pour que la moto continue à être vécue comme un plaisir. Il existe différentes manières de « se faire passer l'envie d'avoir une moto », l'une des plus com-

LA MOTO SPORTIVE

Les motos sportives modernes sont capables de performances comparables à celles des motos de compétition. Les longs voyages ne sont pas leur point fort, mais leur accélération fulgurante et leur tenue de route impeccable en font les véhicules terrestres les plus rapides qui soient. Pourtant, malgré ces qualités exceptionnelles, elles sont d'une très grande fiabilité et leur coût initial est moins prohibitif que ce que l'on pourrait penser

LE BON POIDS POUR UNE MOTO

Tous les motards ont une limite physiologique au-delà de laquelle la moto s'avère trop lourde pour qu'ils puissent la manipuler. Il est possible d'évaluer d'une manière empirique ces limites tout simplement en s'assurant que l'on est capable de relever, seul, la moto couchée par terre. Il ne s'agit pas d'une simple épreuve de force, mais plutôt d'une vérification de la répartition des poids et de la possibilité, pour le conducteur, de contrôler son véhicule, compte tenu de sa musculature. Lorsque la moto se déplace, la masse n'est pas aussi facilement perceptible, mais il suffit d'être obligé de déplacer une machine pour la faire descendre ou monter sur un trottoir pour se rendre compte qu'il est préférable d'avoir à sa disposition un véhicule facile à manipuler. Ce n'est pas un hasard si les customs, très lourdes, sont dotées d'un centre de gravité très bas et d'un large guidon !
D'autre part, un certain nombre de motos sont, de toute évidence, trop puissantes pour certaines personnes, surtout lorsque les accélérations sont brutales : il est préférable de disposer de 80 chevaux bien gérés que de 150 chevaux se déchaînant à l'improviste.

munes consiste à acheter une « mauvaise » machine, c'est-à-dire un engin ne correspondant pas à ce que l'on demande à la moto.
Supposons que le motard potentiel souhaite faire de courts voyages ou partir à la découverte d'endroits difficilement accessibles ou bien rouler sur des terrains mixtes. Il aura alors besoin d'un moyen de locomotion souple et maniable, comme une enduro, et il ira au devant de grandes déceptions s'il choisit une moto de grand tourisme de 300 kg ou une custom. En revanche, celui qui souhaite se lancer dans de longs voyages, devra choisir une moto pouvant transporter deux personnes et leurs bagages sans que l'expédition ne tourne au cauchemar, ce qui serait le cas s'il optait

LA MOTO DE TOURISME

La moto de tourisme est, pour certains, l'expression la plus aboutie des deux-roues. La volonté de rompre avec la monotonie de la vie quotidienne, le désir de connaître des pays lointains et différents, le plaisir de passer ses journées en compagnie de personnes habitées par la même passion et la possibilité de couvrir de longues distances sur une machine rapide mais confortable, voilà ce qui caractérise ces nouveaux « centaures »

pour une « super sportive » de la dernière génération. Une autre méthode sûre, pour abandonner rapidement la moto, est de négliger de se procurer un bon équipement. Il n'est pas indispensable de geler de froid, de se mouiller jusqu'aux os, ni de souffrir de douleurs insupportables à cause de mauvais « courants d'air ». Tous ces désagréments ne sont que la conséquence d'un choix erroné ou de négligences. Aujourd'hui, les « accessoires moto » ont atteint un tel niveau de qualité qu'ils permettent de faire face à tous les besoins : choisissez-les bien et vous pourrez vivre agréablement sur votre deux-roues !

LA CUSTOM

Symbole du rêve américain des années 60, la custom a perdu, en traversant l'océan, presque tout ce qui faisait sa singularité. Alors qu'elle était, au départ, un symbole de transgression, elle s'est transformée en « status symbol ». Ainsi, à l'origine, le propriétaire d'une machine de ce type devait y consacrer des soins maniaques, alors qu'aujourd'hui on peut l'acheter toute prête, scintillante dans sa « livrée » définitive. Pour ce qui est de l'entretien, il suffira de la ramener quelques fois chez le concessionnaire, pour les visites de contrôle programmées

LA MOTO D'ENDURO

Au cours de ces dernières années, les enduros ont subi un certain nombre de changements et on peut maintenant les diviser en deux sous-groupes : les motos spécialisées pour la compétition, qui ressemblent de plus en plus à des motos de cross et les grosses « *off-road* ». Ces dernières se rapprochent de plus en plus des routières, car, depuis quelque temps, le marché exige que les machines tout-terrain aient des performances semblables à celles des motos de tourisme

LA MOTO DE CROSS

La moto de cross, à usage purement sportif, n'est pas dotée d'équipement électrique ni de dispositif d'atténuation du bruit suffisant pour être homologuée. Le moteur, généralement un deux-temps, présente des caractéristiques très particulières, en accélération notamment, et la conduite en tout-terrain nécessite un savoir-faire bien spécifique

LE SCOOTER

Jeune et brillant, pratique et économique, le scooter de la dernière génération permet une conduite aisée, il ne salit pas les vêtements et il est doté d'emplacements permettant de transporter et de protéger de petits objets. Il peut représenter une ouverture sur le monde de la moto ou rester un simple moyen de transport. Quoi qu'il en soit, c'est une machine à la fois utile et souple d'utilisation

LES NORMES ANTIPOLLUTION

Les véhicules motorisés sont de plus en plus souvent accusés d'être responsables d'une grande partie de la pollution atmosphérique.
Si vous achetez une moto neuve, pourquoi ne pas opter pour une machine dotée d'un pot catalytique. Vous pouvez aussi remettre votre achat à plus tard, en attendant que les constructeurs adaptent leurs modèles aux normes prévues.

COMMENT CHOISIR

Avant de choisir votre future moto, nous vous conseillons d'étudier attentivement l'utilisation principale à laquelle vous la destinez, tout en tenant compte à la fois de votre corpulence et de votre expérience de la conduite. Nous conseillons à un néophyte de choisir un véhicule léger, maniable, commode et, si possible, sans accélérations brutales. Évidemment, il est souvent difficile de faire comprendre à un jeune de 16 ans qu'il est préférable de posséder une petite moto de tourisme ou une enduro légère plutôt qu'une moto de sport très rapide de la dernière génération. Pourtant, il faut savoir que ce type de machine nécessite une grande expérience et que la moindre chute peut occasionner des dommages extrêmement coûteux à réparer. Les motos sportives de moyennes et grosses cylindrées sont destinées à la catégorie des « passionnés » qui veulent sortir en groupe avec d'autres « fous de moto ». Il est certes possible d'envisager de longs voyages avec ce type de véhicules, mais il faut savoir que cela n'est pas toujours très facile...
On pourra préférer, dans certains cas, le scooter qui, grâce à sa carrosserie fermée et à sa protection à l'avant, permet de conduire en tenue « de ville ». Les porte-bagages et le coffre sont indispensables pour avoir à portée de la main une tenue antipluie et quelques vêtements de réserve.
Un autre élément important est le physique de la personne intéressée. Si votre taille est inférieure à la moyenne, il vaut mieux renoncer aux « maxi » enduros très « hautes sur pattes ». Si vous êtes plutôt frêle, les grosses motos de tourisme ne sont pas faites pour vous, autant vous y résigner ! N'oubliez pas que lorsque l'on s'arrête, il faut appuyer les pieds sur le sol et il n'est pas toujours possible de compter sur un appui sûr et stable. Sachez aussi que, bien qu'elles ne soient pas d'une légèreté exemplaire, les customs présentent l'avantage d'être dotées d'une selle très basse qui permet un appui plus assuré des pieds. En outre, elles sont dotées d'un guidon large qui est très utile pour les manœuvres à l'arrêt ainsi qu'en cas de conduite à faible vitesse. Les scooters (y compris les « maxi ») sont aussi extrêmement pratiques et maniables et présentent un certain nombre des avantages des customs.

QUELLE MOTO POUVEZ-VOUS CONDUIRE ?

Âge du conducteur	*Type de permis*	*Véhicule autorisé*	*Passager*
à partir de 14 ans	pas de permis	cyclomoteur jusqu'à 50 cm^3 vitesse jusqu' à 45 km/h	non
à partir de 16 ans	permis A progressif	34 CV max. pendant 2 ans puis 100 CV max.	
à partir de 21 ans révolus	permis A	100 CV max. + permis auto (B) de plus de 2 ans 125 cm^3 de 150 CV max.	

LE CADRE

Le « squelette » d'une moto, comme celui d'un être humain, joue un rôle très important.
Un cadre robuste et équilibré peut atténuer les conséquences des erreurs de pilotage ou les problèmes liés à l'état de la chaussée.
L'on est passé des structures tubulaires en acier à l'utilisation de treillis complexes ou de monopoutres qui améliorent leur rigidité grâce à l'effet porteur du moteur. Les alliages légers en aluminium permettent une économie de poids mais compliquent les réparations en cas d'accident. Il est indispensable de trouver un équilibre entre la fonction de soutien du cadre, les suspensions et la répartition des poids.

LE CADRE EN ALUMINIUM

La largeur des propulseurs des quatre cylindres impose des choix particuliers pour ce qui est de la structure du cadre qui doit être entouré d'un bloc moteur volumineux. Une solution possible est une poutre porteuse supérieure se dédoublant en suivant les contours du moteur, pour continuer derrière celui-ci et constituer la jonction avec le train arrière. L'élégance des parties avant et arrière contraste avec la partie centrale, plutôt « ventrue », qui entoure le propulseur. Les matériaux utilisés sont, le plus souvent, l'acier ou un alliage d'aluminium léger mais rigide

MANIABLE OU STABLE ?

Pour évaluer les caractéristiques dynamiques d'une moto, si l'on exclut les performances absolues, l'on peut retenir trois notions importantes : maniabilité, stabilité et tenue de route.
La maniabilité est la facilité à modifier la direction du véhicule. Si une moto est maniable, l'effort nécessaire pour prendre un virage sera limité. En revanche, l'on peut dire qu'une moto est stable lorsqu'elle a un comportement quasiment opposé, c'est-à-dire qu'elle peut maintenir une trajectoire qui lui a été précédemment imprimée, même si un facteur tend à modifier la direction du véhicule.
La tenue de route est une variable associée à la stabilité

LE CADRE EN ACIER

Beaucoup plus traditionnel mais aussi efficace que le précédent, le choix de Dugatti s'est porté sur un treillis complexe de tubes fins en acier, qui, dans leur ensemble, s'avèrent extrêmement rigides. Le moteur bicylindre en V longitudinal permet de limiter l'encombrement transversal tandis que le développement en longueur du moteur a nécessité par exemple qu'une cheville de la fourche soit placée directement sur le moteur. Le raccourcissement de l'entraxe, ainsi obtenu, a une incidence positive car il améliore la maniabilité

LE CADRE DES TOUT-TERRAIN

Beaucoup plus simples mais tout aussi robustes que les cadres des routières, ceux des motos enduros sont structurés selon des paramètres plus classiques. La partie supérieure est souvent un simple tube arrondi et le cadre suit le schéma classique. Il ne s'agit pas de structures délicates car, non seulement, elles doivent supporter les contraintes dérivant de l'action dynamique de la moto et de la charge, mais en outre ces motos tout-terrain doivent pouvoir résister à des chocs et à des sauts ; conséquence logique d'une utilisation sur des terrains difficiles et escarpés

mais qui n'en dépend pas directement. Un véhicule peut avoir une excellente tenue de route sur une chaussée irrégulière ou uniforme et devenir peu contrôlable à cause d'un décrochage du bitume ou d'un dénivelé du terrain. Dans ce cas, on pourra parler de manque de stabilité même si cette caractéristique est associée à une excellente tenue de route.
Tous ces comportements dépendent presque exclusivement de la qualité des pneus, de la rigidité du cadre et de la répartition des poids. Il faut rappeler que les interventions effectuées sur une moto pour améliorer l'une de ces caractéristiques dynamiques finissent toujours par avoir une influence négative sur les autres, sauf la rigidification du cadre et le remplacement des pièces concernant le dispositif amortisseur par d'autres plus appropriées au type de conduite du motard concerné.

LE CADRE DES SCOOTERS

La carrosserie fermée de cette machine revêt une grande importance esthétique et cache presque complètement le cadre du scooter. Ce type de véhicule nécessite une plus grande créativité de la part des concepteurs. Derrière la superstructure, en grande partie en plastique, on peut découvrir la disposition originale des tubulures. Il arrive même que la simplicité soit sacrifiée au profit de l'esthétique : le cadre prend alors une allure assez tarabiscotée

LA VESPA : UNE NOUVELLE VOIE

La Vespa a ouvert la voie pour les scooters, considérés comme des véhicules utiles, amusants et faciles à utiliser. La carrosserie contient totalement le groupe thermique refroidi par air, grâce à un ventilateur placé directement sur l'arbre moteur. Le mélange est introduit par un disque rotatif, tandis que le moteur à deux temps a également la fonction de support de la roue arrière ; la suspension est un mono-amortisseur arrière.

À l'époque, les motos de grosses cylindrées n'existaient pas ; les plus grandes étaient, en Italie, les monocylindres 500, dont les performances n'étaient pas très enthousiasmantes. Un scooter capable d'atteindre facilement 80 km/h et de s'y maintenir longtemps était tout à fait appréciable.

En outre, la facilité d'utilisation et l'entretien réduit ont permis à la Vespa d'obtenir un succès commercial exceptionnel. Le seul concurrent véritable pour ce véhicule novateur était la Lambretta, de conception peut-être moins moderne mais avec plus de possibilités de « personnalisation ». Le nombre de machines produites a, de toute façon, donné raison à Piaggio dans ce domaine.

Aujourd'hui encore, en Inde, des lignes de production fabriquent le plus célèbre des scooters pour satisfaire une demande émanant du monde entier.

LES SUSPENSIONS

Les suspensions constituent un sujet très délicat et très important. C'est en effet aux suspensions que reviennent des tâches essentielles telles que l'absorption de l'irrégularité de la chaussée, le maintien de l'équilibre dynamique, la stabilité en accélération et en freinage et, bien entendu, le confort du conducteur et de son éventuel passager.

Après l'introduction quasiment généralisée des suspensions hydrauliques, au cours des années 50, l'on a assisté à une phase de stagnation d'une vingtaine d'années pendant laquelle les techniciens ont travaillé surtout sur l'évolution des fourches et des amortisseurs, en particulier pour ce qui concerne leur bon fonctionnement. C'est aux environs de 1980 seulement que l'on a remis en cause le positionnement des composants élastiques. Nous avons alors vu apparaître le monoamortisseur arrière qui, bien qu'il nécessite une fourche de construction plus complexe et des leviers de jonction entre cette dernière et le cadre, permet tout de même une continuité de fonctionnement nettement supérieure à celle assurée par la solution traditionnelle. Pour diminuer l'effet négatif des masses non suspendues, l'on a exploré la voie de la fourche inversée ou *upside-down*, où le tube, plus léger que le fourreau, est relié directement à la roue alors que la partie hydraulique appartient déjà aux parties suspendues. L'on entend par masses non suspendues tous les éléments qui, bien que n'étant pas en contact direct avec le sol, en subissent l'impact direct. En revanche, la partie isolée du sol – parce que soutenue par les suspensions – est dite « suspendue ». Les masses non suspendues sont celles qui ont une influence négative sur la conduite, l'alourdissant et conférant une certaine inertie aux commandes du pilote. Le fait que les pneus aient été allégés, la suppression de la chambre à air, les jantes en alliage et la fourche inversée (l'huile étant intégrée aux masses suspendues) découlent des choix opérés en faveur de la maniabilité du véhicule.

À l'heure actuelle, l'on a tendance à préférer aussi bien pour le train avant que pour l'arrière, un élément élastique (ressort) et un élément hydraulique (amortisseur). Ce dernier ayant pour rôle de ralentir la course de compression et d'extension en évitant les louvoiements. Pour que l'amortisseur joue

LA FOURCHE

Les fourches classiques sont constituées de deux paires de tubes avec un gros ressort interne pour absorber les chocs et une partie hydraulique pour freiner le mouvement. Le tube externe est appelé « fourreau ». Le tube plongeur interne est fixé aux plaques supérieures qui sont reliées au cadre, le fourreau, lui, est doté d'un orifice de fixation pour l'axe de la roue. La configuration la plus traditionnelle prévoit que l'axe de la roue passe exactement sous le fourreau, à l'endroit où celui-ci se termine

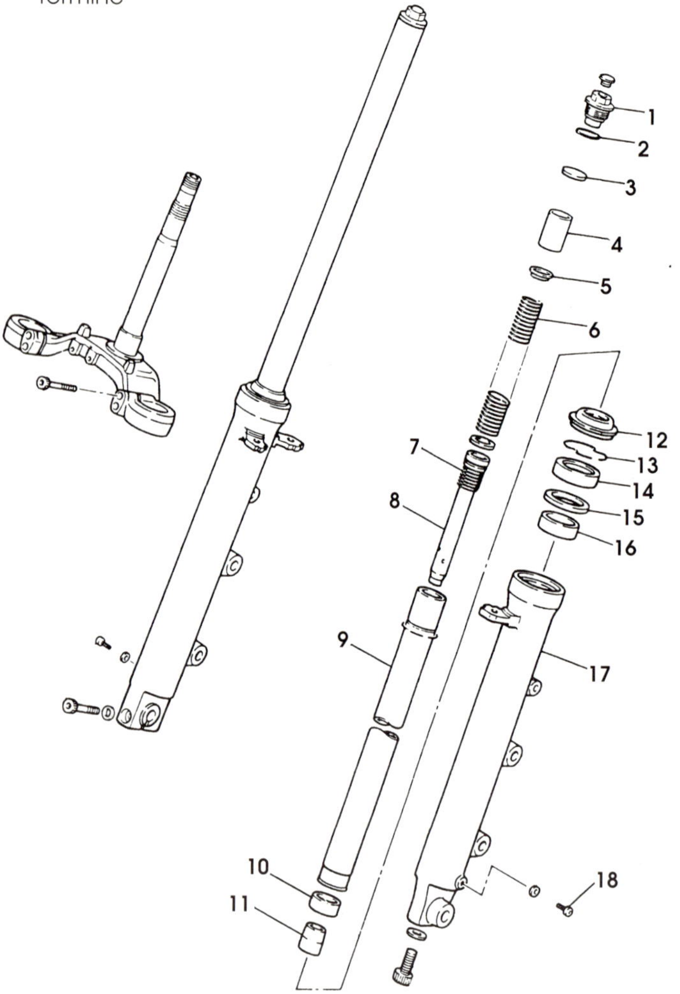

1. Bouchon de la fourche
2. Bague de retenue (O ring)
3. Rondelles
4. Entretoise
5. Bague d'arrêt
6. Ressort de la fourche
7. Ressort de fin de course
8. Barre d'amortisseur
9. Tube (plongeur interne de la fourche)
10. Douille
11. Élément de blocage de l'huile
12. Pare-poussière
13. Bague de fixation
14. Pare-huile
15. Entretoise pare-huile
16. Douille guide
17. Fourreau (partie externe de la fourche)
18. Vis de décharge

son rôle, il est nécessaire qu'il y ait un durcissement progressif vers les deux fins de course de manière à agir nettement pour faire face aux fortes contraintes mais également pour absorber en douceur les petites aspérités du terrain.

Sur l'arrière, l'adoption d'un seul élément monté sur des leviers de renvoi facilite la tâche, tandis qu'à l'avant, pour la fourche qui travaille directement, la tâche est plus difficile. On utilise des orifices de passage de l'huile qui réduisent leur portée au fur et à mesure que le ressort se comprime. En outre, il existe de nombreuses possibilités de réglages manuels pour permettre de trouver la configuration la plus adaptée à son style de conduite.

Plus récemment, l'on a constaté un retour en force de la fourche Earless, notablement modernisée. Cette fourche rappelle le schéma de la fourche arrière mais montée à l'envers : la roue est soutenue par un bras presque horizontal, en appui sur un bras presque vertical. Il se forme ainsi un triangle dont le troisième côté (longueur variable) est l'élément élastique (gros ressort).

La fourche Earless, inspirée de la technologie automobile, est particulièrement appropriée pour les side-cars où la moto ne peut pas s'incliner à cause de la présence de l'habitacle latéral et parce que les exigences du pilotage sont totalement différentes. Les dernières versions de la série R de BMW suivent ce schéma mais avec un seul amortisseur (voir photo du haut, page 19).

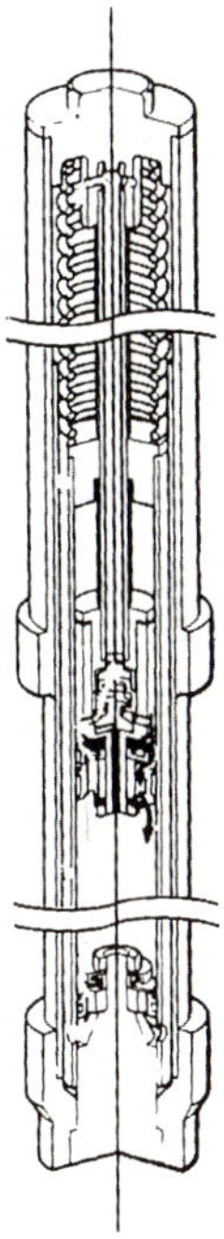

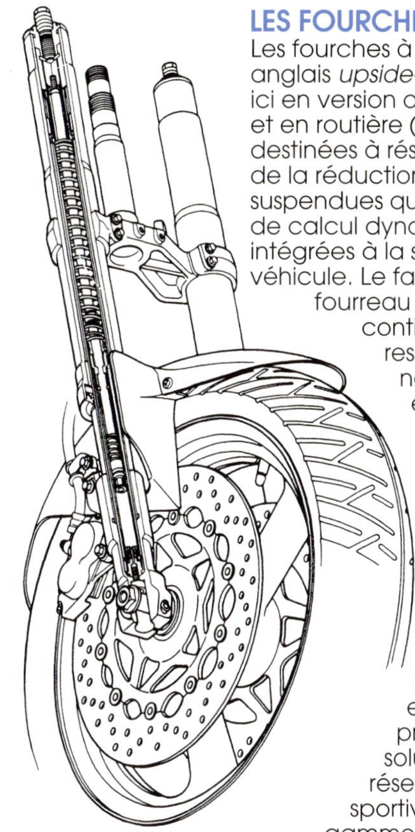

LES FOURCHES *UPSIDE-DOWN*

Les fourches à tubes inversés, en anglais *upside-down*, présentées ici en version de cross (à gauche) et en routière (à droite) sont destinées à résoudre le problème de la réduction des masses non suspendues qui, lors de la phase de calcul dynamique, ne sont pas intégrées à la structure du véhicule. Le fait d'amener le fourreau et l'huile qu'il contient au-dessus du ressort signifie réduire nettement le poids en contact avec le terrain. En général, pour ces réalisations hautement technologiques, les constructeurs ont recours à des matériaux très complexes et coûteux. En outre, le travail doit être extrêmement précis : ce type de solution est donc réservé aux motos sportives de haut de gamme ou bien à des enduros capables de supporter une utilisation très intensive

LA SUSPENSION ARRIÈRE

L'excursion de la fourche de la suspension arrière d'une moto d'enduro doit être très longue, de manière à pouvoir absorber les coups sans arriver en fin de course. Dans le cas de sauts, par exemple, l'atterrissage concerne uniquement cette partie et l'on peut facilement imaginer les contraintes auxquelles le train arrière de la moto est soumis. Un amortisseur central réagit d'une manière équilibrée, même si la contrainte de la roue présente une composante transversale. En revanche, l'action de l'élément élastique, placé à côté de la roue est plus problématique, car cela nécessite l'absence totale de jeu sur la fourche et sur l'axe de la roue

LES RÉGLAGES

Il n'est pas très difficile de régler la fourche en agissant sur la manette appropriée. Toutefois, pour réussir à traduire les réactions dynamiques négatives du véhicule en une intervention précise, il faut être doué d'une habileté hors du commun. Le livret d'entretien peut donner un certain nombre d'éléments utiles mais ne fournit pas toutes les indications nécessaires. Sauf en cas de carences structurelles évidentes, il est déconseillé de procéder à certaines interventions, par exemple ajouter de l'épaisseur au ressort ou modifier l'enfoncement des fourreaux dans les plaques

Normalement, pour régler l'amortisseur arrière il faut agir à la fois sur la réponse de la partie hydraulique et sur la compression du ressort. En serrant le collier de compression, on obtient un raidissement de la réponse, mais on ne peut pas pallier complètement les défaillances provoquées par une utilisation très intensive ou l'affaiblissement du ressort

LE MONOAMORTISSEUR

Ce type d'amortisseur résout les problèmes liés au déséquilibre pouvant exister entre deux éléments mal étalonnés ou endommagés, qui travaillent d'une manière différente. Dans ce cas, lorsque l'on prend un virage à droite, l'on se rend compte que le comportement de la moto n'est pas le même que lorsque l'on prend un virage à gauche. La BMW R 1200 ou 850 est un exemple de machine dotée d'un seul élément amortisseur, aussi bien à l'avant qu'à l'arrière

L'ENTRETIEN

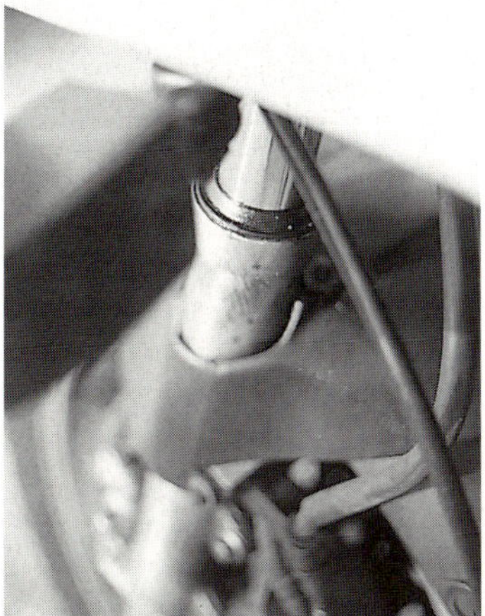

Il faut remplacer l'huile périodiquement. À cette occasion, il faudra également procéder à un contrôle du jeu des tubes dans leur gaine ; lorsque le mouvement est excessif, les pare-huile ont tendance à s'endommager rapidement ce qui occasionne des fuites de liquide de plus en plus visibles. La quantité d'huile ajoutée doit être précise afin qu'il y ait le même niveau à l'intérieur des deux fourches

Les ressorts s'affaiblissent lorsque l'on commence à avoir accumulé les kilomètres. Les motos qui souffrent le plus de l'affaiblissement des éléments élastiques sont les grosses motos de tourisme. Il est possible de trouver les pièces de rechange ou bien de s'adresser à un spécialiste pour faire réaliser les pièces nécessaires. Le choix d'une spirale à pas différencié, lorsque la pièce de série n'est pas de ce type, permet d'adoucir la première partie de la course en raidissant le mouvement vers la fin

LE MOTEUR

Lorsqu'un motard voit pour la première fois un nouveau modèle, il s'intéresse immédiatement à ses performances, et donc, indirectement, à la puissance du propulseur. Généralement, dans la conduite sur route, il faudrait s'intéresser, plus qu'à la valeur absolue des chevaux disponibles, aux caractéristiques de distribution de la puissance que l'on peut déduire des graphiques élaborés par les techniciens du banc d'essai. De toute manière, la meilleure méthode consiste à essayer le véhicule pour vérifier que la réaction à l'accélération est satisfaisante, même dans les régimes moyens ou bas. Dès le premier coup d'œil, il est possible de deviner les caractéristiques principales du moteur en se basant sur le nombre et la disposition des cylindres.

Le moteur monocylindre est le plus simple, mais c'est aussi le plus irrégulier dans son cycle de fonctionnement. Un ou plusieurs contre-arbres d'équilibrage peuvent réduire les vibrations, mais il aura toujours tendance à ne pas avoir un fonctionnement » coulé ». Le bicylindre parallèle réussit à atteindre des régimes de rotation plus élevés et, donc, des puissances spécifiques plus fortes que les monocylindres, mais celles-ci sont toujours accompagnées de

LA TRANSMISSION FINALE

Le moteur, placé au centre, peut être relié au moyeu de la roue arrière par différents systèmes qui se distinguent nettement les uns des autres par leurs caractéristiques mécaniques et par leur fonctionnement.

La **chaîne** est bruyante, elle nécessite un entretien fréquent mais elle est très légère et absorbe peu de puissance. Elle est très répandue : on en trouve sur les véhicules utilitaires, les tout-terrain, les motos sportives (sur la première photo ci-contre, en haut à gauche vous avez un exemple « nu » où la transmission finale est bien évidente), certaines motos de tourisme et certaines customs (par exemple toutes les japonaises). La dimension des chaînes est définie par le pas (longueur d'un maillon), la largeur et le nombre des maillons qui la constituent. Le coût du remplacement d'une chaîne est plutôt élevé car le changement d'une chaîne correspond généralement au remplacement du pignon et de la couronne.

La durée varie en fonction du rapport entre la puissance transmise par le moteur et les qualités mécaniques de

la chaîne. Mais elle dépend aussi et surtout du type de conduite, de la qualité de l'entretien et de la tension de fonctionnement qui doit être appropriée. La **courroie** (dentée ou non) est plus économique et silencieuse et l'usure ne concerne pas les poulies de transmission. L'élasticité du matériel s'avère extrêmement valable dans les cas de moteurs mono et bicylindres caractérisés par un bas régime de rotation car cela absorbe les à-coups et les irrégularités de fonctionnement. L'utilisation est limitée sur certaines customs classiques, de puissance et de prestation moyennes (voir l'exemple de la photo ci-dessus à droite). L'entretien se limite au contrôle de la tension et à un nettoyage sommaire des poulies.
La solution mécanique la plus complexe est celle de l'**arbre à cardan**. Au moment de l'achat de la moto, le cardan représente un investissement supplémentaire qui ne sera compensé dans le temps que si l'on parcourt de nombreux kilomètres. En effet, l'entretien se réduit au remplacement de l'huile contenue à l'intérieur du dispositif, à des intervalles très espacés. Le poids et la rigidité de la transmission par cardan ne conviennent pas à des véhicules sportifs. Les motos de « grand tourisme » (par exemple celle figurant sur la photo ci-dessous) et, dans certains cas, les enduros et les customs sont des machines sur lesquelles on peut adapter le cardan.

vibrations perceptibles. Les moteurs à deux cylindres les plus équilibrés sont ceux ayant une disposition en V ou opposés. Dans ce cas, les irrégularités cycliques sont compensées par le décalage des explosions dans les cylindres eux-mêmes.
Les moteurs à quatre ou à trois cylindres sont très semblables entre eux. Ce sont les propulseurs dont le fonctionnement est le plus doux, mais ce sont également ceux qui peuvent développer les puissances les plus élevées. Le seul inconvénient qu'ils présentent est leur encombrement transversal et leur poids qui, à cylindrée égale, ne pourra jamais être aussi limité que celui d'un mono ou d'un bicylindre.

LE MOTEUR À DEUX TEMPS

Le cycle de fonctionnement à deux temps pénalise un petit moteur léger de cyclomoteur du point de vue des substances polluantes émises car la lubrification du cylindre est assurée par le mélange essence/huile. Ce dernier composant sera inévitablement libéré dans l'air, ce qui a des conséquences peu agréables. D'autre part, la simplicité, le caractère économique de l'utilisation, l'entretien quasiment absent et les bonnes performances font que ce moteur à deux temps est irremplaçable sur les cyclomoteurs

LE MOTEUR À QUATRE TEMPS

Le moteur à quatre temps, quel que soit le nombre de cylindres, est le plus économique. S'il est associé à un pot catalytique et à une installation d'injection pour l'alimentation, il devient également le moins polluant des moteurs à combustion interne. Les motos de moyenne et grosse cylindrée sont désormais toutes équipées de ce type de moteur, même si toutes ne sont pas dotées d'une installation d'injection et d'un pot catalytique

LE REFROIDISSEMENT LIQUIDE

Le refroidissement à eau permet de réduire les bruits mécaniques, mais surtout de maintenir à niveau constant la température du groupe thermique. La majoration de poids et de coût de production est compensée par l'efficacité de l'échange de chaleur

LES CONTRÔLES ET L'ENTRETIEN

La puissance spécifique des moteurs modernes est très forte, ce qui signifie que les régimes de rotation atteints sont également très élevés. Il est par conséquent indispensable de procéder à un entretien méticuleux du propulseur pour éviter des chutes de rendement et des dommages mécaniques qu'il serait coûteux de réparer. Le niveau de l'huile, la qualité et l'état d'usure du lubrifiant sont parmi les détails les plus importants. Viennent ensuite le niveau du liquide de refroidissement, le cas échéant, l'état des bougies, le réglage des soupapes, l'usure de la courroie ou de la chaîne de distribution et, sur certaines motos particulièrement traditionnelles, l'étalonnage du système d'allumage.

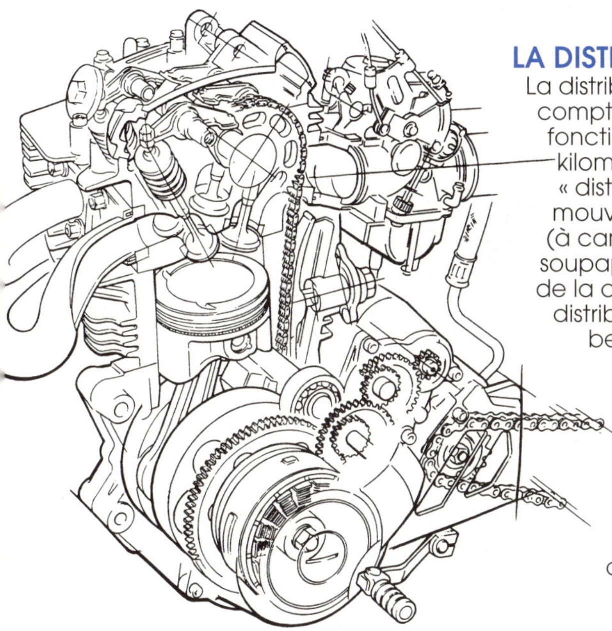

LA DISTRIBUTION

La distribution est un autre aspect dont il faut tenir compte, lorsque l'on choisit une moto, en fonction de l'utilisation et du nombre de kilomètres que l'on veut parcourir. Le terme « distribution » désigne la synchronisation des mouvements entre l'arbre du moteur et l'axe (à cames) qui commande l'ouverture des soupapes pour l'arrivée du mélange à l'intérieur de la chambre d'explosion. La courroie de distribution présente l'avantage d'être beaucoup plus silencieuse qu'une chaîne ou qu'une série d'engrenages, mais elle présente un inconvénient véritable : elle est moins « sincère ». En effet, avant de céder, une chaîne produit un bruit qui s'amplifie au fur et à mesure des kilomètres. En revanche, la courroie peut céder sans avertissement. Il est donc recommandé de la remplacer dans les délais prévus

L'HUILE

Le niveau d'huile doit être vérifié sur un moteur froid car, pendant le fonctionnement, le lubrifiant entre en circulation et, une fois le moteur arrêté, il faut quelques minutes avant que l'huile revienne dans la boîte.
Si la quantité d'huile est insuffisante, cela risque d'endommager les pistons, les cylindres et les bielles, mais un excédent de lubrifiant peut provoquer des surpressions et une rupture des garnitures des pare-huile, ce qui, inévitablement, produira des fuites. Dans ce moteur, comme c'est le cas pour un grand nombre de motos actuelles, y compris celles équipées d'un carénage complet, la boîte à huile est dotée d'une petite « fenêtre » qui permet de contrôler très facilement le niveau d'huile

Une fuite importante de lubrifiant peut devenir très dangereuse si l'huile, poussée par le vent de la course, finit par recouvrir la roue arrière.
On pourra constater alors une perte d'adhérence de la roue et, dans certains cas, une diminution de l'efficacité du frein arrière.
En outre, s'il reste peu d'huile dans la boîte à huile, on risque d'endommager gravement le moteur, à cause de grippages ou parce que les bielles risquent de fondre.
Une fumée d'échappement bleue est un signe d'usure mécanique avancée des parties en mouvement. Si c'est le cas de votre moto, il faudra vous habituer à procéder à la remise à niveau de l'huile aussi souvent que nécessaire

Les lubrifiants ne se valent pas tous et un choix approprié peut permettre d'allonger la durée de vie de votre machine.
De même, il est important de chauffer le moteur avant de lui demander des performances élevées. En effet, le lubrifiant joue correctement son rôle lorsque sa température est suffisante sans être trop élevée.
Pour la plupart des motos, l'huile de moteur sert également à la lubrification des engrenages du changement de vitesse ; elle doit donc jouer deux rôles nécessitant des caractéristiques très différentes.
Vous voyez ci-contre une coupe d'un bicylindre boxer de BMW. En bas, on voit clairement la boîte à huile avec les ailettes de refroidissement externes. Dans ce cas, le changement de vitesse est séparé, le lubrifiant du moteur n'est donc pas utilisé pour la partie transmission

LA CHAÎNE DE TRANSMISSION

Les maillons des chaînes de transmission autolubrifiantes sont dotés d'axes de rotation lubrifiés et scellés. Toutefois, il est toujours bon de procéder à un léger graissage externe qui les aide à mieux courir sur les roues dentées (pignons et couronnes). La seule précaution à prendre concerne le lavage : les solvants peuvent provoquer une détérioration du caoutchouc des bagues de retenue et provoquer une fuite de graisse. Mis à part ce graissage, il est indispensable de veiller à une bonne tension de fonctionnement de la chaîne de transmission. Un jeu excessif provoque des secousses spectaculaires qui amènent souvent la chaîne à heurter le cadre ; en revanche, une tension excessive est encore plus dommageable car elle abrège la durée de vie de l'ensemble de la transmission

LE FILTRE À AIR

Le filtre à air fait partie des « consommables ». Lorsque l'accumulation de poussière sur la surface filtrante est excessive, le passage de l'air est entravé et la carburation devient trop riche. L'on constate alors un encrassement des bougies et une diminution du rendement.
Pour les motos tout-terrain, qui roulent dans un environnement très poussiéreux, il est conseillé d'adopter un filtre lavable pour réduire les coûts de gestion

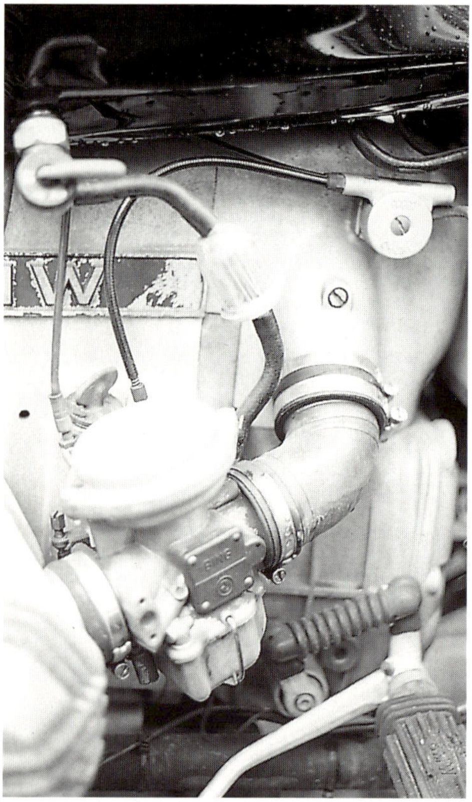

LA CARBURATION

La carburation nécessite peu d'interventions de la part de l'utilisateur. L'une de celles-ci est le réglage du ralenti à moteur chaud, de sorte que le régime de rotation corresponde à la valeur la plus basse pouvant être maintenue avec régularité par le moteur. Si le nombre de tours est trop bas, le moteur « broute » au ralenti, s'il est trop élevé la consommation augmente, l'on réduit la capacité de ralentissement du moteur et le passage de vitesse devient plus difficile. Sur les moteurs dotés de plusieurs cylindres, la synchronisation des carburateurs est importante pour avoir un cycle de fonctionnement régulier

UN PEU DE TECHNIQUE

Un moteur à quatre temps termine son cycle de combustion dans chaque cylindre au bout de deux tours complets de l'arbre moteur. On comprendra facilement que quatre cylindres, étant donné le décalage entre une explosion et l'autre, répartissent d'une manière plus uniforme la poussée qu'un seul cylindre. Le régime maximum de rotation pouvant être atteint constitue un chapitre à part. En effet, celui-ci ne dépend pas du tout du nombre de cylindres, comme on pourrait le penser, mais il est inversement proportionnel à la longueur de la course des pistons. Étant donné que le fractionnement a une répercussion positive sur le raccourcissement de la course, un nombre élevé de cylindres est presque systématiquement synonyme de régime de rotation élevé.
Toujours à propos de course longue et courte, on nomme moteur « sous-carré » le propulseur dont l'alésage (diamètre du piston) est inférieur à sa course, moteur « carré », celui dont le rapport est égal à un et « sur-carré », celui pour lequel l'alésage est supérieur à la course.
Les moteurs sur-carrés sont les plus favorables pour ce qui concerne la disponibilité de couple à bas régime ; les sous-carrés sont ceux qui permettent d'obtenir les plus hauts régimes. Enfin, nous pensons qu'il est nécessaire d'expliquer la notion de couple moteur et de puissance. Le couple moteur correspond au moment de force que le moteur réussit à décharger instantanément sur la transmission : beaucoup de couple, signifie, en pratique, une forte poussée, c'est-à-dire une accélération importante. La valeur du couple multipliée par le régime de rotation correspondant fournit la puissance. Cette dernière est nécessaire pour surmonter les résistances s'opposant aux mouvements, parmi lesquelles les plus importantes sont la résistance aérodynamique, les frottements dus aux organes mécaniques et la résistance aux roulements des pneus. Lorsque la puissance distribuée est exactement égale à celle qui est absorbée, la vitesse est constante.

LES FREINS

Les anciens freins à tambour ne sont pratiquement plus utilisés pour les deux-roues. Seuls quelques cyclomoteurs d'entrée de gamme sont dépourvus de système de freinage à disque. En revanche, la plupart du temps, l'on a des systèmes mixtes disque-tambour, même sur des motos de cylindrée plus importante. Les freins à disque permettent de mieux moduler l'action de freinage, ils présentent en outre l'avantage de nécessiter un entretien plus simple et leur refroidissement est plus efficace. Les tambours présentent l'avantage d'une plus grande durée de vie de la surface de frottement, mais, tandis que l'usure du disque provoque une détérioration progressive des performances, le tambour a tendance à devenir ovale ce qui déclenche des phénomènes dangereux de sautillements découlant d'un freinage saccadé. Dans les deux cas, le dispositif doit avoir les dimensions appropriées par rapport aux caractéristiques de la machine, à son poids et à ses performances.
On comprendra aisément l'importance d'un freinage puissant et correct, pour des motos capables d'atteindre des vitesses élevées et ne disposant que de deux points d'appui au sol (au lieu de quatre pour les voitures). Plus que la décélération théorique, ce qui compte, c'est l'équilibre entre la puissance de freinage et les performances du véhicule. En effet, la réaction dynamique de la moto lorsqu'elle freine revêt une grande importance. Si la fourche s'enfonce d'une manière excessive, cela remet en cause la possibilité de contrôler la direction et « décharge » la roue arrière, ce qui rend inutile l'action du frein concerné. Sur la base de cette analyse, le lien étroit qui associe le frein au cadre devient évident. L'on comprendra, en particulier, l'importance du calcul des forces qui se déchargent sur la structure porteuse du véhicule.

QUELS FREINS POUR QUELLE MOTO ?

Une moto de grand tourisme peut dépasser 300 kg à vide et donc effleurer les 500 kg en charge. La vitesse maximum dépasse souvent les 200 km/h et les suspensions sont généralement souples, de manière à assurer un certain confort au conducteur et à son éventuel passager. Dans ce cas, il est donc nécessaire de disposer de freins capables de résister à une fatigue prolongée, sans chute de rendement

La vitesse des cyclomoteurs est réduite. Ce type de véhicule présente une bonne surface d'appui au sol et il est caractérisé par des poids limités. La puissance demandée au dispositif de freinage est assez limitée, mais il est important qu'il n'y ait pas d'excès susceptibles de provoquer le blocage des roues, ce qui aboutit à une perte totale du contrôle du véhicule

L'ABS

Pour ce qui concerne le freinage, la dernière trouvaille en matière de sécurité est le système antiblocage des roues dit ABS. Apparu dans un premier temps sur les automobiles, il a été transféré sur les deux-roues, tout d'abord sur certaines grosses motos de tourisme et, plus récemment, sur un gros scooter. Son utilité reste toutefois discutable. En effet, le dispositif antiblocage peut, dans certaines circonstances, limiter la capacité de contrôle exercée sur le véhicule. En outre, l'augmentation du poids et du coût du véhicule que cela entraîne n'est pas négligeable. Par conséquent, même si, dans certaines occasions, ce système peut s'avérer utile, l'expérience et la connaissance de sa moto peuvent efficacement suppléer à l'absence d'ABS

LE FREINAGE INTÉGRAL : AVANTAGES ET INCONVÉNIENTS

Les constructeurs essaient de s'adapter à la demande des utilisateurs et ont parfois tendance à se comporter comme de « tendres mamans » avec eux. Ainsi, étant donné que l'utilisation du frein arrière est, en moyenne, en deçà des possibilités réelles et des besoins, ils ont inventé un freinage intégral, où la commande du frein arrière actionne également l'un des deux disques avant. En appuyant sur la pédale, l'usager obtiendra ainsi une réaction équilibrée de l'action de freinage sur les deux roues. Mais il y a un revers à la médaille : la possibilité de moduler à volonté l'action de ralentissement sur la partie arrière de la moto disparaît et l'on provoque un mouvement de torsion sur le cadre qui tend à dévier légèrement la trajectoire par rapport à celle que l'on avait choisie.

L'ENTRETIEN

Le type de conduite influe beaucoup sur l'usure des plaquettes. Généralement, les plaquettes s'usent d'une manière uniforme, ce qui permet de parcourir un grand nombre de kilomètres si la surface des disques est en bon état et si la pression exercée par les pistons est répartie d'une façon homogène. Une usure irrégulière peut également être provoquée par la déformation du disque et un mauvais fonctionnement du mécanisme de centrage automatique de la pince ou du disque, ainsi que par une mauvaise tenue des garnitures des pistons. Attention également à l'état des disques : si la surface est sillonnée en profondeur, l'efficacité diminue et la consommation de matériaux de frottement augmente vertigineusement

L'opération de remplacement de plaquettes est très simple et peut être effectuée directement par l'utilisateur. Le remplacement du liquide contenu dans le circuit hydraulique est beaucoup moins évident. Si la purge n'est pas effectuée correctement, la présence d'une bulle d'air peut avoir un effet négatif et réduire la puissance de freinage. En outre, lorsque le matériau de traitement est très usé, la dissipation de la chaleur se réduit et toutes les parties mécaniques en jeu risquent de chauffer excessivement

LE SAUTILLEMENT : UN DANGER

La meilleure manière de conjurer un danger est de le connaître.
Se trouver tout à coup la roue arrière bloquée peut provoquer une sensation de peur chez le pilote et donc des réactions incontrôlées. En réalité, s'il est véritablement maître de sa machine, le blocage de la roue arrière est, certes, gênant mais n'est pas véritablement dangereux.
On remarquera que certaines motos frottent leurs pneus sur le bitume sans vibration ni sautillement, alors que d'autres réagissent comme des « mixeurs en folie ». Ces différences ne sont pas liées au type de pneus car le problème est lié à une action inappropriée de la suspension arrière, voire à une géométrie imparfaite de la partie arrière de la moto. Ainsi, ce n'est pas par hasard que l'on place une pince de frein sous la fourche, mais pour améliorer la réaction au freinage. En revanche, un emplacement de ce type est absolument déconseillé pour une moto enduro car elle se trouve très exposée à des chocs éventuels, ce qui risquerait de l'endommager.

L'huile des freins absorbe une partie de la chaleur provoquée par le frottement. Lorsque l'on parcourt de longues distances en descente, en particulier à bord d'une grosse moto à pleine charge, la surchauffe peut provoquer l'annulation du pouvoir de freinage de l'un des freins. L'utilisation de tresses métalliques externes évite tout au moins la dilatation des tuyaux

L'UTILISATION DU FREIN ARRIÈRE

Les motards ont l'habitude d'utiliser très peu, voire pas du tout, le frein arrière.
Pourtant, il est très commode de pouvoir ralentir sans toucher au frein avant car l'on évite l'enfoncement de la fourche, inévitable dans ce cas, même si le freinage est doux. Cette variation d'assiette contribue à diminuer le confort et provoque une ondulation visible du passager, qui n'est agrippé qu'à une poignée et dont la prise est certainement moins solide que celle du conducteur sur le guidon.
Le frein arrière, qui, sauf pour les scooters, est toujours commandé par une pédale, joue un rôle très important dans le ralentissement grâce à son action plus douce. Même en cas de freinage d'urgence, la pression sur la pédale contribue à raccourcir la distance nécessaire à l'arrêt.
S'il est nécessaire de freiner d'une manière plus brutale, bien entendu, il faudra intervenir sur le frein avant. En conclusion, la meilleure solution consiste à utiliser d'une manière équilibrée les deux commandes, ce qui sera beaucoup plus facile à faire si vous en prenez l'habitude dès vos débuts de motard.

LES PNEUS

Pour ce qui concerne les pneus d'une motocyclette, ceux fournis par le constructeur au départ sont certainement ceux dont les dimensions sont les plus appropriées. Même si le code de la route n'interdit pas le remplacement des pneus par d'autres de dimensions différentes, la logique nous impose de ne pas en varier la section, car les constructeurs calculent, au moyen d'instruments complexes, les dimensions correspondant le mieux au cadre et à la distribution des poids du véhicule concerné.

En revanche, pour ce qui concerne la marque et le profil, un vaste choix s'offre à vous. Bien entendu, les besoins d'un motard adepte du tourisme, qui parcourt 1 000 km par jour ne sont pas les mêmes que ceux d'une personne qui vit en montagne ou d'une autre qui n'utilise sa moto que pour de courtes balades.

Dans le premier cas, par exemple, on privilégie la durée et surtout l'absence de déformation de la carcasse. En effet, ces déformations produisent une augmentation constante de la température du pneu. De même, si vous pensez utiliser votre enduro essentiellement sur route, vous pourrez choisir un pneu moins spécifique que celui d'origine, mais le contraire peut également être vrai.

LA STRUCTURE D'UN PNEU

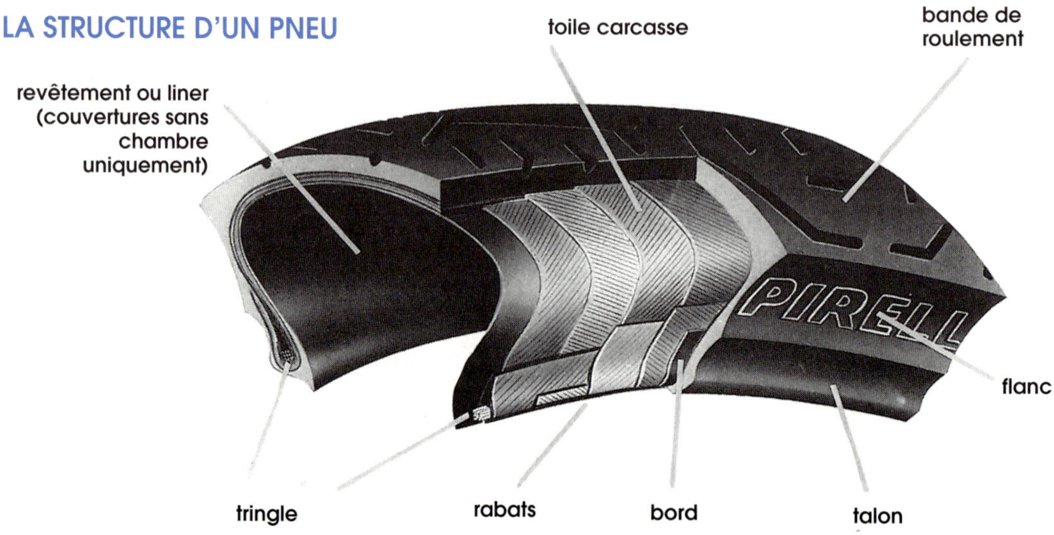

PNEUS CONVENTIONNELS ET À STRUCTURE RADIALE

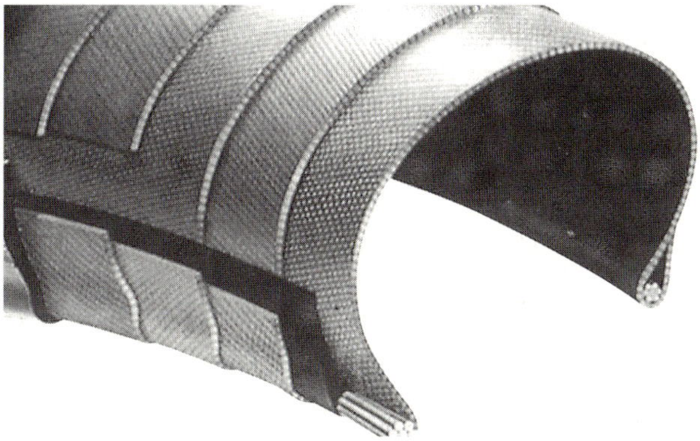

Une moto destinée à être équipée avec des pneus classiques supportera mal la mise en place de pneus radiaux car sa géométrie de braquage est calculée pour un rendement optimum correspondant à un écrasement important de la carcasse. L'utilisation de pneus de ce type augmente la maniabilité jusqu'à provoquer une certaine instabilité, si la machine n'a pas été étudiée pour ce type de pneus

Les pneus classiques comportent une structure de soutien, constituée de différentes toiles croisées qui supportent tous les matériaux de revêtement et d'usure. La flexibilité des flancs, qui peut présenter un avantage, du point de vue du confort, provoque un échauffement important du pneu, lié également à la déformation différenciée des toiles, en fonction de l'angle qu'elles forment avec la direction du roulement

PNEU CLASSIQUE

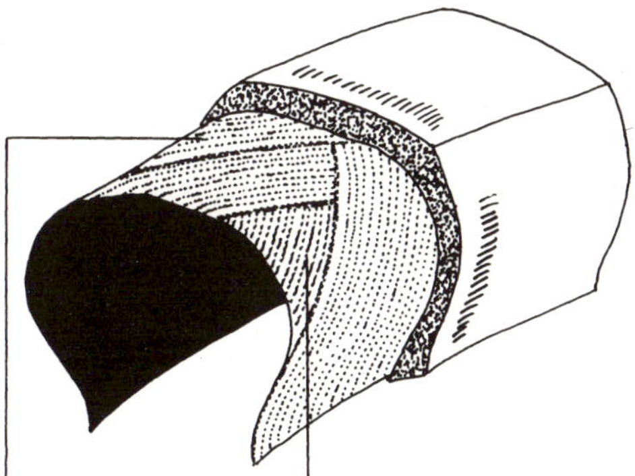

la carcasse est composée de plusieurs toiles croisées les unes par rapport aux autres

le sommet n'est pas stabilisé

PNEU RADIAL

la carcasse est composée d'une ou de plusieurs toile(s) disposée(s) dans le sens radial

le sommet est stabilisé par une ceinture

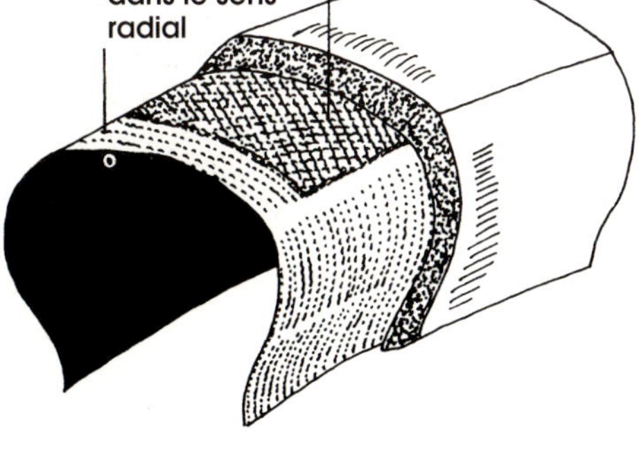

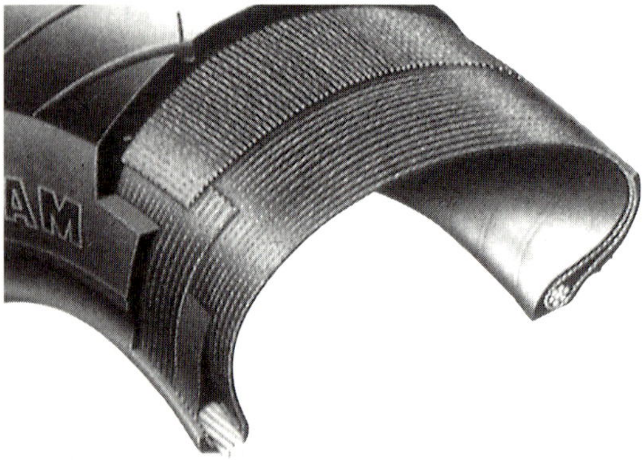

Les carcasses à structure radiale sont dotées de toiles disposées en sens perpendiculaire au mouvement. Sous le poids du véhicule les fibres du caoutchouc travaillent principalement en compression, l'état de contrainte physique des solides qui présente la plus grande résistance à la fatigue.
La zone de la bande de roulement s'appuie sur une ceinture de stabilisation qui diminue la contrainte transversale à laquelle les toiles de la couche inférieure sont soumises

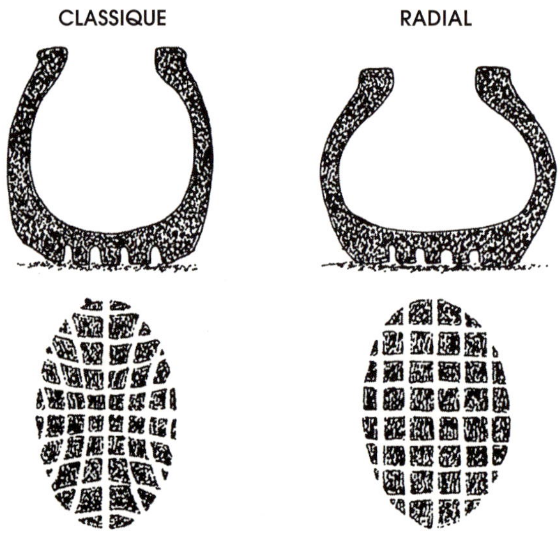

Grâce aux caractéristiques structurelles du pneu radial, la surface de contact avec le sol (à droite) conserve la stabilité du dessin de la bande de roulement, même lorsque la moto se déplace.
À gauche, vous voyez les déformations affectant la zone d'empreinte d'un pneu classique à toiles croisées. Le gain en terme d'énergie dépensée pour le roulement est évident

AVEC OU SANS CHAMBRE À AIR

Les pneus sans chambre à air (tubeless) sont plus légers que les traditionnels (tube type), mais nécessitent une jante aux rainures appropriées pour assurer une bonne tenue.
En revanche, il est possible de monter une chambre à air sur des jantes prévues pour des pneus tubeless. Les pneus tubeless présentent l'avantage de diminuer le poids global de la machine

STRUCTURE DU PNEU À CHAMBRE À AIR (TUBE TYPE)

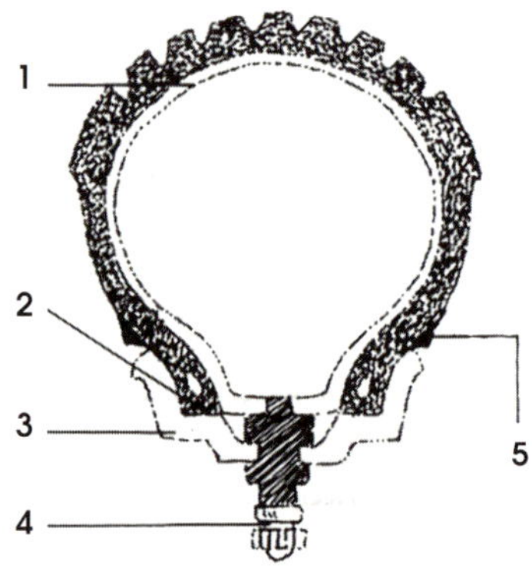

STRUCTURE DU PNEU TUBELESS

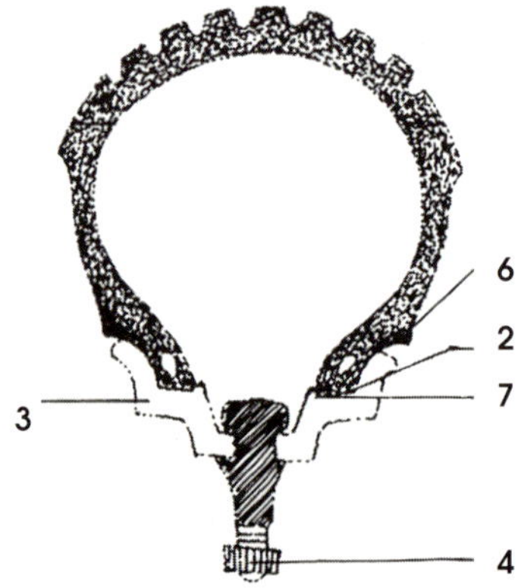

1. Chambre à air
2. Butée
3. Jante
4. Valve
5. Bordure de centrage
6. Bordure de centrage
7. Ancrage

COMMENT RECONNAÎTRE LES PNEUS

Sur chaque pneu on pourra avoir de nombreuses inscriptions ou abréviations qui permettent d'en identifier les caractéristiques. Outre le nom du fabricant, le type de profil et les dimensions, on pourra trouver des informations sur les performances admises et sur le sens du montage

1. **Nom du fabricant et marque enregistrée**
2. **Type de dessin de la bande de roulement**
3. **Largeur nominale de section en millimètre**
4. **Rapport entre la hauteur et la largeur nominale de la section**
5. **Classe de vitesse (voir tableau ci-contre). En cas de structure radiale on ajoute la lettre « R »**
6. **Diamètre d'empâtement en pouces (en pratique le diamètre de la jante)**
7. **Abréviations de motocyclette, identifient les pneus et les jantes motos de 15" et moins, en les différenciant de ceux destinés à d'autres véhicules**
8. **Indice de charge. Exprime les capacités de charge du pneu**
9. **Pneu sans chambre à air (TL) ou avec chambre à air (TT)**
10. **Abréviations de « Reinforced », indique la version et la capacité de charge supérieure**
11. **Portée maximum du pneu (en livres) à la pression indiquée (en PSI)**
12. **Pays de production**
13. **Abréviations de « Department of Transportation ». Indique que le pneu est conforme aux normes en vigueur aux États-Unis et au Canada. Si l'on voit l'abréviation « NHS », cela signifie que le pneu ne peut être utilisé qu'en hors-piste**

TABLEAU DES VITESSES PRÉVUES

Abréviations de la catégorie	*Vitesse admise*
B	jusqu'à 50 km/h
C	jusqu'à 60 km/h
D	jusqu'à 65 km/h
E	jusqu'à 70 km/h
F	jusqu'à 80 km/h
G	jusqu'à 90 km/h
J	jusqu'à 100 km/h
K	jusqu'à 110 km/h
L	jusqu'à 120 km/h
M	jusqu'à 130 km/h
N	jusqu'à 140 km/h
P	**jusqu'à 150 km/h***
Q	jusqu'à 160 km/h
R	jusqu'à 170 km/h
S	**jusqu'à 180 km/h**
T	jusqu'à 190 km/h
U	jusqu'à 200 km/h
H	**jusqu'à 210 km/h**
V	**au-delà de 210 km/h**
Z	**au-delà de 240 km/h**
W	jusqu'à 270 km/h
Y	jusqu'à 300 km/h

*On signale en gras les vitesses les plus communes.
Le constructeur du pneu indique la vitesse maximum pouvant être maintenue en toute sécurité sur de longs trajets. Dépasser ce plafond autorisé peut provoquer une détérioration rapide du pneu à cause d'un échauffement excessif. L'hiver, les températures étant plus basses, les risques sont moindres. À pleine charge, il est préférable de ne pas parcourir de trop longs trajets à très grande vitesse.

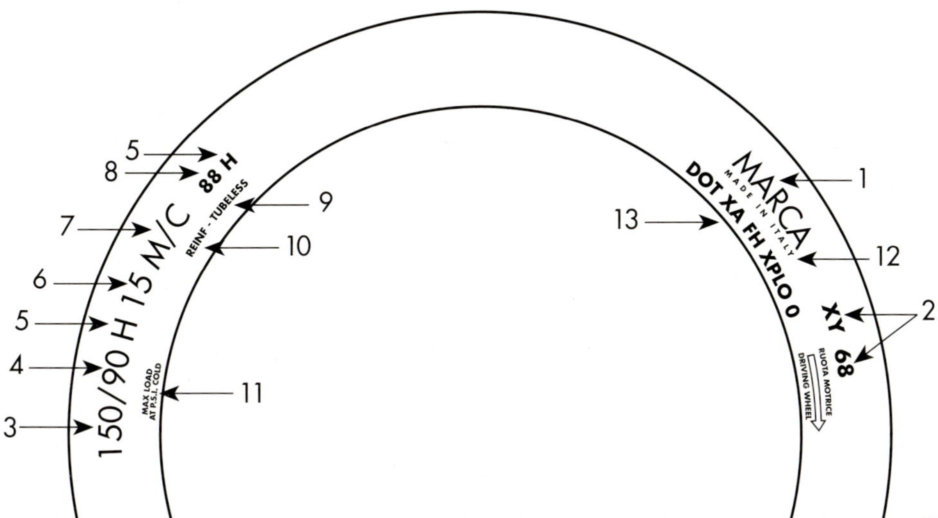

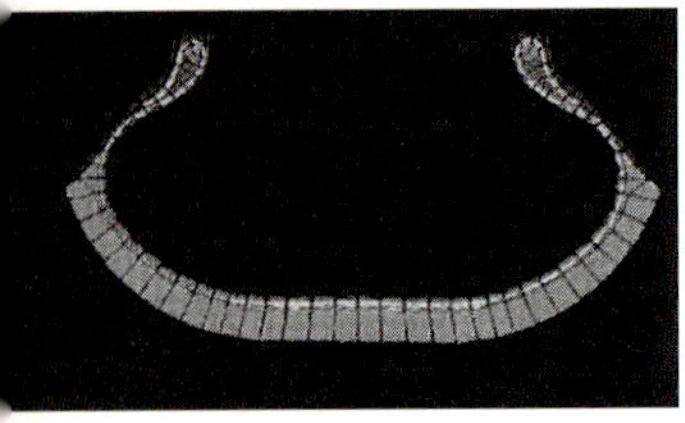

LA PRESSION

La pression de gonflage des pneus est très importante et doit être contrôlée lorsque les pneus sont froids. Une pression trop élevée provoque une légère réduction de la zone d'appui et diminue l'absorption des aspérités. Une pression trop basse provoque un échauffement excessif, une usure précoce et irrégulière et des déformations de la surface de contact. Étant donné que les pneus ont tendance à se dégonfler, il est préférable de les contrôler souvent et de revenir aux valeurs conseillées, éventuellement avec deux dixièmes de bars supplémentaires, surtout l'été

UNE USURE ANORMALE

L'usure anormale d'un pneu peut être liée à de nombreux facteurs, dont les plus courants sont les suivants : un mauvais alignement des roues, des suspensions mal étalonnées ou endommagées, une charge mal répartie. Parfois, un bagage placé d'une manière inappropriée, d'un point de vue aérodynamique, peut provoquer des micros ondulations se répercutant sur le pneu avant qui s'use alors d'une manière irrégulière (« en escalier »)

LES PNEUS TOUT-TERRAIN

Les pneus tout-terrain sont dotés d'une bande de roulement qui, si elle n'est pas parfaite pour les très grandes vitesses, se comporte bien sur le bitume et supporte généralement assez bien la pluie, grâce à ses sculptures profondes qui évacuent facilement l'eau. La consistance assez souple ne permet pas de parcourir un grand nombre de kilomètres à vitesse élevée sur route goudronnée

LES PNEUS DE TRIAL

Les pneus de trial apprécient très peu le contact avec le bitume. La roue arrière, en particulier, s'aplatit au centre ce qui rend sensible le sautillement dans les courbes du fait du profil anguleux des sculptures. En revanche, si la moto ne parcourt pas même un mètre sur route goudronnée, en hors-piste, les pierres, les cailloux et autres obstacles peuvent détruire certaines sculptures en une journée. Dans ce cas, on peut envisager des pneus recouverts ; leur coût réduit permet de s'amuser sans trop dépenser

L'ÉQUIPEMENT ÉLECTRIQUE

De nos jours, il est inutile d'essayer de résoudre soi-même les problèmes sérieux d'électricité, posés par une moto, si l'on ne dispose pas d'un appareillage de contrôle électronique.
Du fait de la complexité des circuits et du câblage cachés sous la superstructure, il devient de plus en plus difficile de « bricoler », si ce n'est pour changer une ampoule grillée ou nettoyer des bougies

L'ALLUMAGE

L'électronique gère entièrement l'allumage : l'entretien se limite alors au remplacement des bougies. L'avance varie en fonction du régime de rotation du moteur. Malgré cette simplicité apparente, le capteur photographié gère l'allumage d'un quatre-cylindres. Si l'alimentation est également confiée à des injecteurs contrôlés électroniquement, le fonctionnement devient absolument constant dans le temps

LA BATTERIE

Du fait de sa position, la batterie d'une moto est souvent exposée à la chaleur se dégageant du moteur. La température élevée à laquelle elle est soumise raccourcit la vie de l'accumulateur ou, dans le meilleur des cas, nécessite un contrôle du niveau d'acide plus attentif. La mise à niveau doit être effectuée avec de l'eau distillée, mais, en cas de besoin, de l'eau du robinet conviendra parfaitement. Il est préférable de risquer quelques dépôts salins ou calcaires plutôt que de faire tourner le moteur avec une batterie sèche

LES BOUGIES

Les bougies ne portent plus les abréviations qui permettaient de reconnaître leurs caractéristiques techniques, il y a une vingtaine d'années encore. L'on a assisté à une multiplication de dimensions d'encombrement très différentes et l'on peut dire aujourd'hui que la clé de démontage universelle appartient au passé. Une bougie trop chaude peut percer les pistons si le moteur est utilisé pendant trop longtemps. En revanche, une bougie trop froide s'encrasse à bas régime. Selon le type d'utilisation prévu pour la machine, il est possible de choisir une bougie légèrement plus chaude (usage urbain) ou plus froide (longs trajets) que celle prévue à l'origine

encrassées. D'ailleurs, nous devons même reconnaître qu'il n'est pas toujours simple d'atteindre les bougies d'une moto à plusieurs cylindres et à deux arbres, car il est nécessaire alors de retirer le réservoir, les flancs et d'autres éléments de la carrosserie.
Même si le bricolage disparaît, face à l'avancée de l'électronique, si moderne et si commode, il reste néanmoins utile de savoir comment procéder à de petites interventions sur sa machine, en particulier pour le stockage hivernal (il est alors toujours préférable de débrancher la batterie) et pour le contrôle des bougies.

La bougie représente un miroir fidèle de l'état du moteur.
Si la partie tournée vers l'intérieur du cylindre est noircie ou rouillée (voir la bougie en bas de la photo) cela indique une carburation trop riche qui peut être due à un encrassement du filtre à air. La bonne coloration est noisette.
En revanche, si elle tend au blanc, la carburation est trop pauvre, signe que le système d'échappement est trop ouvert ou endommagé

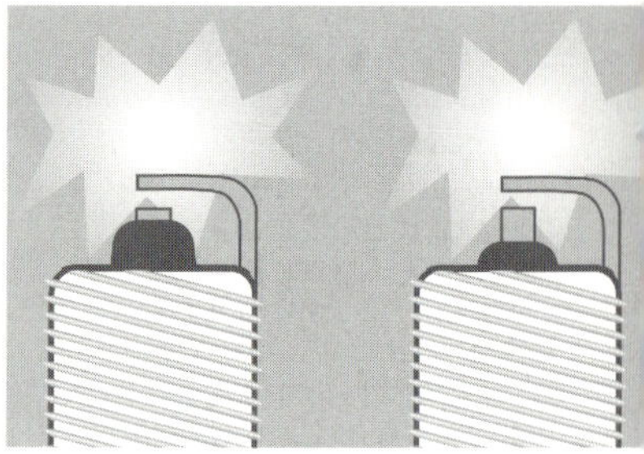

La température de la bougie dépend de l'exposition de l'électrode centrale au mélange air/essence.
À gauche, une bougie froide, à droite une bougie chaude.
À surface exposée égale, il faut évaluer également l'écartement des électrodes par rapport à la base du filetage qui est défini par une lettre dans l'abréviation identifiant la pièce. Pour rouler sans problème, il est indispensable de respecter scrupuleusement les indications du livret d'entretien

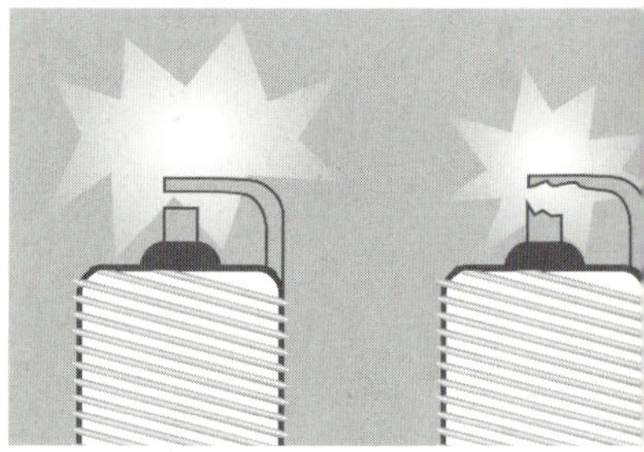

Il est possible d'évaluer l'usure d'une bougie en examinant l'électrode de masse. L'usure diminue l'épaisseur de la lamelle et, par conséquent, augmente la distance qui sépare les électrodes : l'étincelle s'affaiblit et l'allumage s'effectue d'une manière non homogène.
Les incrustations, qui se déposent lorsque la consommation d'huile est excessive, jouent le rôle de matériaux isolants, ce qui rend l'allumage difficile

AMPOULES, FEUX SUPPLÉMENTAIRES ET FUSIBLES

En voyage, il est indispensable de toujours avoir une ampoule de rechange pour chacun des feux dont la moto est dotée. Il est très simple de changer une ampoule lorsque les phares et les indicateurs sont facilement accessibles. Il est moins évident de s'occuper des groupes optiques enfoncés dans la carrosserie, si l'intervention doit être effectuée depuis l'intérieur. Dans certains cas, l'on a l'impression que les concepteurs n'avaient pas la moindre idée de la taille des mains d'un individu moyen, lorsqu'ils ont dessiné la moto

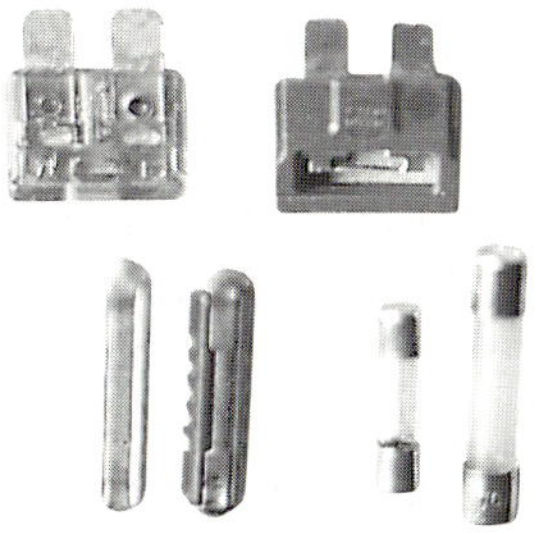

Un fusible ne peut pas supporter le passage d'un courant trop élevé par rapport à l'ampérage prévu. Si vous montez des accessoires électriques supplémentaires, pensez à vérifier leur consommation. En outre, il est préférable de les alimenter en passant par des fusibles destinés spécifiquement aux équipements en option. Si vous montez une paire de phares supplémentaires, veillez à ce qu'il n'y ait pas de charge excessive qui risquerait de faire sauter le fusible d'alimentation du phare avant : vous pourriez vous retrouver dans le noir au moment le moins opportun, bien entendu

Les phares longue portée doivent être montés avec un soin tout particulier. Il est important, notamment, de les isoler contre les vibrations provoquées par le moteur pour ne pas réduire la durée de vie des ampoules.
Il faut également contrôler la direction des faisceaux lumineux qui ne doivent pas éblouir les personnes circulant en sens opposé, sans toutefois se porter sur la même zone d'éclairage que le phare principal. Seules les personnes roulant souvent dans des régions de brouillard et se déplaçant sur autoroutes sentiront la nécessité de renforcer l'éclairage de leur machine

LES COMMANDES

De tous les véhicules à moteur, la moto est celui sur lequel le contact entre le pilote et son véhicule est le plus étroit. De ce fait, les commandes destinées à imprimer la direction et à réguler la vitesse sont caractérisées par une grande

LE DÉMARREUR

Dans la plupart des cas, il existe un petit moteur électrique (visible en haut à droite sur la photo ci-dessus) destiné à donner l'impulsion de rotation au moteur.
Le bouton qui commande ce petit moteur se trouve dans le bloc à côté de la poignée droite : il suffira de tourner la clé de contact et d'appuyer sur le bouton jusqu'à ce que le moteur soit lancé

Il est difficile d'amener à la température adéquate les moteurs refroidis à eau.
À vitesse constante et soutenue, ils ne maintiennent pas un niveau thermique approprié lorsqu'il fait froid : parfois, il est nécessaire de masquer une partie du radiateur pour améliorer la situation

Pour faciliter le démarrage à froid, on utilise le « starter » qui, en général, est placé sur la poignée, à portée de la main.
Après avoir chauffé le moteur, on peut partir, mais prudemment.
L'on a une situation optimale de fonctionnement pour le propulseur lorsque le lubrifiant et l'éventuel liquide de refroidissement parviennent à la température moyenne de fonctionnement.
Les moteurs à deux temps sont les moins sensibles aux départs à froid car la lubrification est garantie par la présence d'huile dans le combustible

immédiateté. Ainsi, sur une voiture, il y a trois pédales or, personnellement, je dois vous avouer que je n'ai pas trois pieds… en outre, pour changer les vitesses, il faut lâcher le volant. Les mêmes fonctions sont effectuées d'une manière beaucoup plus naturelle sur un deux-roues.

LES INTERRUPTEURS

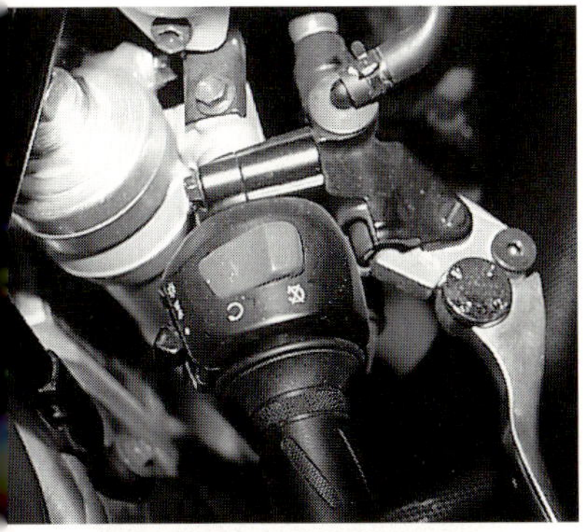

Il est possible d'arrêter le moteur non seulement en tournant la clé de contact mais également en actionnant l'interrupteur d'urgence.
Sur certaines motos, l'interrupteur coupe seulement le courant qui arrive aux bougies tandis que sur d'autres il désactive également le moteur de démarrage. Cette commande est justifiée par la nécessité de bloquer instantanément le moteur en cas de chute, surtout en tout-terrain

Sur la poignée se trouvent les interrupteurs et les boutons concernant le système de signalisation et d'éclairage. La disposition varie en fonction des modèles mais, généralement, le motard s'y habitue rapidement et devient vite capable de les manipuler d'une manière instinctive

Sur les grosses motos de tourisme, la béquille latérale peut être dotée d'un interrupteur d'urgence pour éviter un départ alors qu'elle est dépliée. Dans d'autres cas la béquille n'est dotée que d'un dispositif d'avertissement. De toute manière, il faut contrôler systématiquement le support latéral avant de partir. Il peut être dangereux de l'oublier

LA « POIGNÉE »

Les caractéristiques idéales de la commande du gaz, la célèbre « poignée » si chère aux motards, sont faciles à décrire : elle doit pouvoir tourner sans effort et être dotée d'un ressort de rappel relativement doux pour les routières et plus immédiat pour les motos tout-terrain. En outre, sa course devrait être fonction de l'utilisation et de la puissance fournie au véhicule. La rotation doit être brève pour les motos de compétition (routières ou tout-terrain), plus longue pour les motos de tourisme pour lesquelles il est important d'avoir la possibilité de prendre des « demi-mesures »

LES LEVIERS

Pour ce qui concerne les leviers, les choses sont un peu plus compliquées, mais la seule solution véritablement sûre consiste à pouvoir en régler l'inclinaison et la distance par rapport au guidon. On trouve la bonne inclinaison en montant en selle et en appuyant les mains sur le guidon : la direction du bras tendu définit également la position des leviers qui doivent rester dans l'alignement, c'est-à-dire qui ne doivent pas nécessiter une torsion de la main pour pouvoir être atteints.

La distance par rapport au guidon dépend, en revanche, des dimensions des mains de celui qui conduit, en tenant compte du fait que, généralement, le frein (à droite) et l'embrayage (à gauche) sont commandés par l'index et le médius

Le levier du frein arrière (sur le côté droit de la moto) ne doit pas obliger le pied à prendre une position anti-naturelle lorsque cette commande n'est pas utilisée et en cas d'utilisation, sa course ne doit pas être trop longue

La commande de changement de vitesse ne doit être ni trop éloignée ni trop proche du repose-pied et doit correspondre, sur le pied, à l'attache des doigts. Une course brève et sèche nécessite généralement un effort plus important : on renoncera donc dans ce cas aux chaussures de ville au profit de bottes

LES ACCESSOIRES

Les boutiques spécialisées « moto » proposent une très vaste gamme d'accessoires : il y en a de toutes sortes, plus ou moins utiles, que vous pourrez acquérir pour embellir votre moto ou la rendre plus confortable. Ainsi, les porte-bagages et les coffres sont absolument indispensables et il est possible d'y ajouter des valises ou sacoches latérales. D'autre part, il peut être utile de remplacer l'avertisseur acoustique de série, par un autre, plus efficace (et homologué, bien sûr). Dans certaines occasions, il peut être également avisé d'améliorer le dispositif d'éclairage à l'avant. Enfin, il existe des objets qui ont un intérêt purement esthétique, par exemple les feux de position multicolores, une chaîne stéréo « à l'air libre », c'est-à-dire qui ne passe pas par des écouteurs intégrés dans le casque, etc.

LES PORTE-BAGAGES

Pour les longs voyages en couple, notamment, il est indispensable d'augmenter la capacité de transport en utilisant des valises latérales. Avec trois sacoches rigides il est possible d'atteindre une capacité de 150 l, ce qui est très semblable au volume du coffre d'une petite automobile. Mais rares sont ceux qui comprennent que le choix du volume et de la forme des valises joue un rôle important dans le comportement dynamique du véhicule. Même si le montage et les supports ont été bien conçus, la disposition des poids provoquera immanquablement un recul de la position du centre de gravité de la moto. Il faut en tenir compte lorsque l'on évalue le comportement du véhicule sur route. Le montage d'un petit coffre dépassant trop à l'arrière, de dimension trop importante ou avec une mauvaise inclinaison peut provoquer une ondulation de la moto, même à une vitesse relativement limitée (100-130 km/h). Cela a pour conséquence de diminuer la sécurité et provoque une usure anormale des pneus

Le meilleur porte-bagages arrière est celui monté à l'origine par le constructeur car, il a presque toujours été calculé de manière à pouvoir supporter la charge du bagage sans alourdir la partie terminale du cadre. Généralement, les scooters et les enduros sont dotés de porte-bagages plus commodes et plus robustes

LE SAC DE RÉSERVOIR

S'il ne gêne pas les mouvements du conducteur, le sac de réservoir de grande capacité constitue une excellente solution. Dans ce cas, en effet, le poids est réparti d'une manière égale sur les deux roues, avec une légère tendance à charger le train avant, ce qui, en général, est moins gênant que le contraire. Hélas, vous découvrirez le revers de la médaille lorsque vous voudrez faire le plein : il vous faudra alors enlever le sac pour pouvoir accéder au bouchon d'essence

LE PARE-BRISE

Un pare-brise plat (ou presque) n'est valable qu'à vitesse limitée. Aux environs de 80 km/h déjà, au lieu d'améliorer la situation, ce type de pare-brise a plutôt tendance à l'aggraver et à provoquer des tourbillons.
Parfois, il suffit d'un profilé adéquat pour que le pare-brise joue à nouveau pleinement son rôle. En cas de pluie, de toute façon, une surface transparente entre le casque et la route réduit toujours la visibilité.
C'est la raison pour laquelle les motos les plus sportives sont dotées de petites protections provoquant une déflexion de l'air mais qui n'arrivent jamais à la hauteur des yeux du pilote

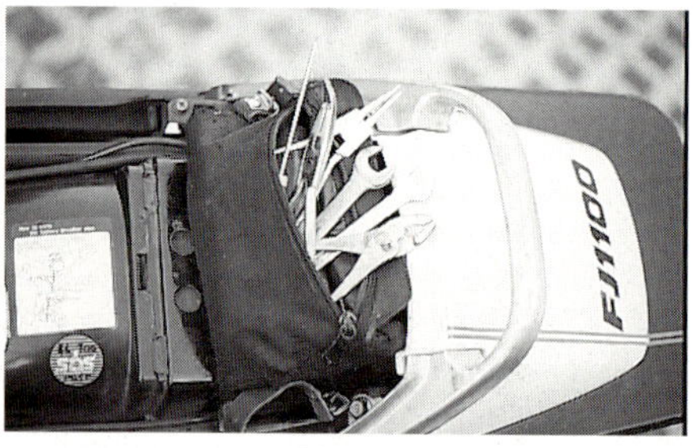

L'OUTILLAGE

En toute situation, il est nécessaire de disposer d'un certain nombre d'outils d'urgence pour faire face à une panne banale. Les outils fournis en dotation de série suffisent pour les difficultés que l'on rencontre le plus communément. Pour compléter cet équipement, il suffit d'une bombe pour gonfler les pneus, d'un flacon de 0,25 l d'huile moteur et d'une ampoule pour le phare avant

LA BRIDE POUR LE CASQUE

Il est parfois un peu gênant de se promener avec un blouson de moto, mais il est carrément pénible de porter son casque à bout de bras. Si le coffre n'est pas assez grand pour le contenir, vous pouvez monter une sorte de bride à clé à laquelle vous attacherez votre « couvre-chef » sans craindre de ne pas le retrouver à votre retour

LES VÊTEMENTS

Grâce à la recherche technologique sur les nouveaux matériaux, l'on a assisté, assez récemment, à une évolution extrêmement importante dans le domaine des vêtements de moto. Nous pouvons donc, désormais, nous procurer des tenues beaucoup plus pratiques, assurant une meilleure protection et beaucoup plus confortables. Vous pourrez donc choisir entre des produits apparemment semblables, mais dotés de caractéristiques fonctionnelles très diverses.

LA COMBINAISON

La combinaison complète, en cuir, est la plus adaptée pour la course et la route. On la choisira en fonction de la taille de la personne et de la position qu'elle prendra sur la selle. Ainsi, sur une moto sportive, où le pilote est allongé quasiment sur des guidons bas, les manches devront être longues et attachées avec un angle particulier. Ces combinaisons, qui, généralement, peuvent être séparées en plusieurs éléments, ce qui permet de n'enfiler que le blouson dans certains cas, sont dotées de renforts à toutes les extrémités et sur le dos. On pourra ajouter des protections en plastique pour les genoux qui permettent de frotter la jambe sur le goudron (d'un circuit !) en cas de très forte inclinaison latérale

EN CAS DE PLUIE

Il est possible d'enfiler sur sa tenue normale une combinaison antipluie, d'un seul tenant ou pouvant être divisée très rapidement. Ce vêtement, qui existe en différentes versions, n'est pas destiné uniquement à se protéger contre l'eau mais il est également utile pour lutter contre le vent et, d'une manière limitée, contre le froid. En outre, on évite ainsi de salir ses vêtements. Une fois pliée soigneusement, il est facile de l'emporter toujours avec soi, comme un accessoire, qui peut trouver sa place dans un espace très restreint.

Il existe des solutions intermédiaires très intéressantes pour toutes les personnes qui font de longs trajets, par exemple des combinaisons divisibles et des blousons en cuir qui, malgré un aspect très décontracté, permettent la jonction, au moyen d'une fermeture éclair, à des pantalons en cuir. Il est extrêmement agréable de pouvoir utiliser séparément les deux moitiés de la combinaison

Les blousons anglais de Belstaff et de Barbour font désormais partie de la légende et ils se distinguent par leur imperméabilité et leur robustesse. De nouveaux matériaux, par exemple le Gore-tex, extrêmement pratique et ne nécessitant pas d'entretien, favorisent la transpiration tout en assurant une bonne imperméabilité. Leur coût d'achat est, en outre, nettement inférieur à celui des vêtements en cuir

LES GANTS

Le froid intense frappe sans pitié toutes les parties exposées.
Les mains en font partie et, dans des situations normales, elles ont tendance à se refroidir avant le reste du corps.
On peut envisager le montage de protège-mains supplémentaires plutôt que d'utiliser des gants trop encombrants qui gênent les mouvements.
En hiver, la longueur du gant doit être suffisante pour remonter quelques centimètres au-dessus de l'extrémité de la manche et empêcher les infiltrations d'air à l'intérieur du blouson.
L'été, on peut utiliser des modèles légers destinés à améliorer la prise sur la poignée et à atténuer d'éventuelles vibrations.
Il est également possible d'utiliser un chauffage pour les poignées, ce qui vous évitera de vous geler les mains l'hiver. Bien que les doigts ne soient pas en contact avec la tiédeur générée par les résistances électriques, ce système présente beaucoup d'avantages et les longs parcours ne provoquent plus des souffrances insupportables

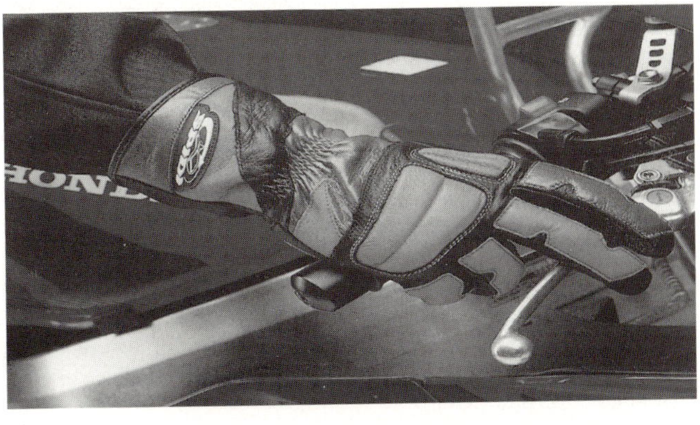

LES BOTTES

Les bottes de tourisme doivent permettre un appui stable et confortable sur le sol, ne pas bloquer le mouvement des chevilles, assurer une transpiration suffisante et, si possible, protéger contre les intempéries.
On le sait, il est difficile « d'avoir le beurre et l'argent du beurre », par conséquent il faut se résigner à acheter deux paires de bottes, une pour l'hiver et une pour l'été. Pour garantir l'imperméabilité des bottes en cuir, il est nécessaire de s'en occuper et de graisser les coutures fréquemment et méticuleusement.
La pluie est patiente, elle commence par s'infiltrer par les coutures, et finit par baigner vos deux pieds comme deux morceaux de viande dans un bouillon, généralement glacé

Il est facile de reconnaître les bottes destinées aux pilotes de motos routières sportives. Aérodynamiques, elles présentent des renforts comme les combinaisons en cuir, et l'on peut y ajouter également des coques sur le pied. Ces dernières sont beaucoup plus utiles que celles utilisées sur les jambes, car la pointe des pieds frotte beaucoup plus facilement sur le bitume que les jambes, même en cas d'inclinaison latérale, du moins pour ce qui est des pilotes « normaux ». On choisit généralement les couleurs et les renforts en fonction de la combinaison. L'ensemble, combinaison, bottes, gants et casques, peut coûter presque autant qu'un petit scooter. Mais la sécurité, en cas de chute ou de frottements contre la route vaut bien cette dépense

Les bottes de tout-terrain sont rigides et limitent les mouvements. La semelle est conçue pour offrir une bonne tenue même sur un terrain non goudronné. En hiver, si elles ne sont pas extrêmement spécialisées, elles peuvent être également utilisées pour la conduite de motos de tourisme, car elles assurent une bonne protection et ont une bonne tenue face aux intempéries

Un lacet peut vous entraîner au sol comme un vulgaire saucisson, et ce, d'une manière « ignominieuse » c'est-à-dire à l'arrêt. Le plus souvent, cela se passe au feu rouge, où, après avoir ralenti, on essaie de mettre un pied par terre. C'est ce moment-là que choisit le lacet pour s'entortiller sur le repose-pied, et en une fraction de seconde on risque de se retrouver au sol, dans une position que l'on aurait volontiers évitée. Pour vous épargner ce genre d'expérience peu agréable, faites attention à vos lacets et n'utilisez que des chaussures appropriées

LES PROTECTIONS

Toutes les combinaisons et les blousons de moto sont prévus pour que l'on puisse placer des protections en plastique au niveau des genoux, du dos et des épaules, ce qui sert à protéger le squelette en cas de chute. Leur efficacité, si elle n'est pas miraculeuse, est indiscutable. En revanche, il est évident que si on ne les place pas correctement, c'est-à-dire si leur rebord correspond à un point sensible de la peau, elles peuvent être très gênantes

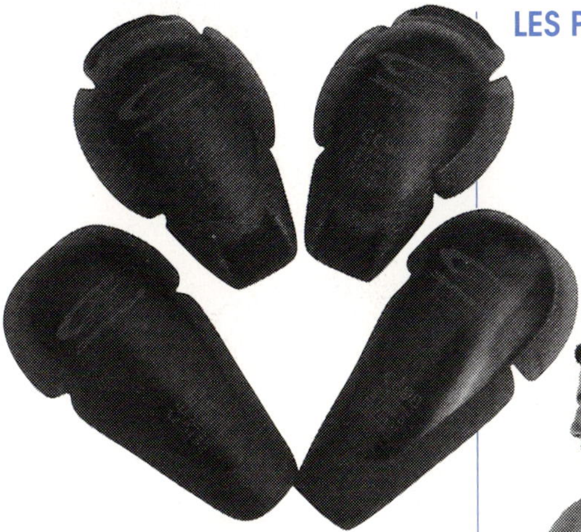

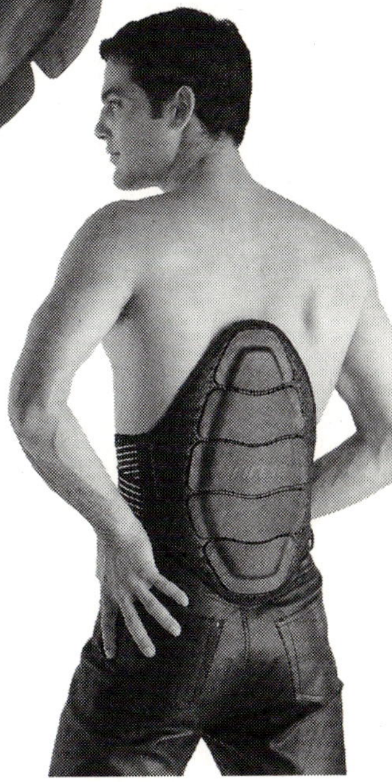

La cagoule est très utile en hiver car elle protège le cou et le visage. N'étant pas très épaisse, on peut l'utiliser sans changer de casque. Les modèles en soie aident à lutter contre le froid sans prendre de mauvaises odeurs, même en cas d'humidité

Pour soutenir les muscles abdominaux et éviter des positions inappropriées, on utilise des bandes élastiques avec des soutiens rigides à l'arrière sur les motos routières et des corsets pour le tout-terrain et le cross. Cette bande élastique peut également éviter que le blouson ne se soulève et ne laisse passer l'air à l'intérieur

Certaines protections ne sont pas portées par le motard mais montées sur la machine. Citons par exemple les protections dans lesquelles l'on peut enfiler les mains (à monter sur le guidon) ou celles pour les jambes, qui sont fixées sur la moto et ressemblent à des tabliers. Ces objets sont destinés à lutter contre le froid le plus intense et à protéger de la pluie

LE CASQUE

Outre qu'il est obligatoire et qu'il peut vous sauver la vie ou vous éviter de graves blessures à la tête, ainsi qu'au visage, le casque est également très utile pour la protection qu'il assure aux yeux et au visage pendant les trajets. Il faut choisir un modèle homologué, sachant que tous ceux qui se trouvent actuellement dans le commerce le sont. Il faut savoir également qu'un certain nombre de facteurs doivent être pris en compte au moment de l'achat. Tout d'abord la dimension : le rembourrage ne doit serrer aucune partie de la tête mais ne doit pas être trop large au point de se déplacer rapidement. Les ouvertures d'aération sont essentielles pour un casque intégral car elles empêchent la buée de recouvrir la visière sans qu'il ne soit nécessaire de l'ouvrir. Il est important que la visière ait plusieurs positions d'ouvertures dotées de dispositifs d'arrêt de manière à ne pas se refermer automatiquement sous l'effet du vent de la course. N'adoptez de visière colorée que si vous pouvez les remplacer rapidement par une visière neutre. Les matériaux utilisés pour le casque à proprement parler vont du polycarbonate à la fibre de verre, du Kevlar aux fibres composites. Les casques les plus chers sont généralement aussi les plus légers, ce qui permet de les porter longtemps et à grande vitesse sans souffrir de fatigue de la partie supérieure de la colonne vertébrale

Le casque-jet est complètement ouvert dans sa partie avant, il est facile à enfiler, peu contraignant, léger et convient bien aux journées les plus chaudes.
En revanche, il ne protège pas le visage contre l'air et oblige le motard à porter des lunettes ou à monter une visière transparente qui améliore nettement ses caractéristiques de protection

On peut remplacer les casques intégraux traditionnels par ce type de casques à double fonction, qui peuvent être portés comme une « casquette » mais se transforment en casque intégral après montage de la mentonnière dotée d'une visière

Le casque intégral d'enduro est doté d'une mentonnière avant solide, de grandes prises d'air et ne permet pas le montage de la visière. Nous conseillons l'utilisation de ce type de casque en tout-terrain, même pour les amateurs. En revanche, il est déconseillé de s'en servir sur route car il associe les inconvénients du casque-jet et ceux du casque intégral

LEÇONS DE CONDUITE

S'AMUSER SANS (MAUVAISES) SURPRISES

Si, sur un circuit ou en tout-terrain, la moindre seconde est précieuse, le motard qui roule sur une routière n'est pas soumis au verdict des chronomètres. En revanche, il faut tenir compte du fait que, sur un circuit, vous côtoierez des professionnels de la conduite alors que sur la route vous êtes entouré de personnes dont les capacités et l'attention ne sont absolument pas assurées.

En deuxième lieu, on ne peut pas dire que les routes soient généralement lisses comme un billard et les ennemis qui peuvent se cacher derrière un tournant sont nombreux.

Par conséquent, si la technique acquise sur un circuit est, théoriquement, valable en toute situation, il faut, bien entendu, procéder à des ajustements et modifier le style de conduite pour l'adapter à la circulation urbaine et extra-urbaine. La conduite sportive ou touristique sur des artères ouvertes à la circulation doit se fonder sur la capacité à regarder au loin et à prévoir les réactions des autres usagers de la route.

Il n'est pas facile de contrôler des centaines de mètres devant soi, en particulier si notre attention est concentrée sur la moto que nous conduisons. Le premier pas consiste donc à essayer de rendre instinctives toutes les actions relatives à la conduite, en faisant des kilomètres et des kilomètres sur son deux-roues sans vouloir absolument atteindre des « temps » de Grand Prix. La position sur la selle, le fonctionnement des commandes, les changements de vitesse doivent devenir tellement spontanés qu'ils ne vous obligeront plus à détourner votre regard et votre attention des dangers de la route. Pour y parvenir, il est indispensable de bien connaître sa moto et d'avoir une position naturelle en selle.

LES DANGERS

En ligne droite, malgré les apparences, il est important de savoir où se posent les roues. Les irrégularités du bitume, les trous et les sillons longitudinaux ne doivent pas être sous-estimés car ils risquent de créer des déplacements latéraux qui, en cas de circulation intense, ne sont jamais appréciés. En cas d'ondulation le pilote doit récupérer immédiatement la trajectoire, sans se laisser gagner par la panique. Si un dénivelé longitudinal dévie la trajectoire sur un côté, il faut revenir dans la bonne direction par une manœuvre en force : on se déplace légèrement sur l'extérieur pour traverser le sillon longitudinal avec un angle assez net sans risquer de faire une manœuvre erronée

Attention à tout ce qui peut recouvrir la chaussée : huile, terre, feuillages, ou, plus fréquemment encore, flaques de boue les jours de pluie. Le motard doit savoir regarder loin. La vision anticipée d'un danger est indispensable pour rouler en toute sécurité.
Le conducteur est favorisé par sa position surélevée par rapport aux autos et par la maniabilité de son véhicule qui lui permet de se positionner de manière à bien voir la route.
Il n'est pas conseillé de prendre une position centrée par rapport au véhicule qui précède car cela limite la visibilité

LE VENT ET LES TURBULENCES

Même en ligne droite, le vent peut provoquer un certain nombre de problèmes.
Lorsqu'il est constant et transversal, on peut s'y opposer par une légère inclinaison du véhicule, comme si l'on parcourait une longue courbe à rayon constant. Souvent, toutefois, l'on est confronté à des rafales ou bien on se trouve sur certaines portions de route protégées où, à un certain moment, la protection est interrompue. Dans ce cas, la poussée latérale est soudaine et risque de provoquer un déplacement du véhicule, proportionnel à la vitesse du vent et de la moto.
Il est très utile de corriger sa propre position en selle, afin de réduire la section latérale exposée : il est conseillé notamment de se baisser légèrement et de se pencher vers le côté exposé au vent

En moto, l'on sent très nettement les turbulences provoquées par les autres véhicules en mouvement.
Le motard doit mémoriser les réactions de sa machine et créer dans son esprit une sorte de « fichier/ mémoire » contenant toutes les données nécessaires pour imaginer comment se déroulera le phénomène de perturbation et être prêt à procéder aux corrections avant même que celles-ci ne soient nécessaires.
Lorsque l'on dépasse un gros camion, on est dans une situation semblable à celle où l'on se trouve lorsque l'on est dans un tunnel qui interrompt l'action du vent pendant un bref moment, puis nous laisse à nouveau exposé à la charge latérale

LA PLUIE

La pluie modifie la tenue de route des motos aussi bien en ligne droite qu'en virage. Lorsque l'on roule dans une flaque avec des pneus qui n'arrivent pas à décharger complètement l'eau, on est confronté à des phénomènes d'aquaplaning (perte d'adhérence de la bande de roulement au sol provoquée par le flottement) qui, pour des deux-roues, sont très dangereux.
Les pneus dotés de bandes de roulement *racing* ont des performances exceptionnelles sur terrain sec mais ne parviennent pas à évacuer totalement la pluie.
Les seules solutions possibles consistent à réduire notablement la vitesse en cas de pluie et à adopter des pneus à usage plus large. En cas de perte d'adhérence due aux flottements des pneus, tout ce que l'on peut espérer c'est que la flaque d'eau se termine rapidement pour que le train avant retrouve le contact. Pour ce qui concerne la roue arrière, il est conseillé de réduire l'ouverture des gaz, en douceur, de manière à ne pas provoquer des soubresauts brusques du train arrière

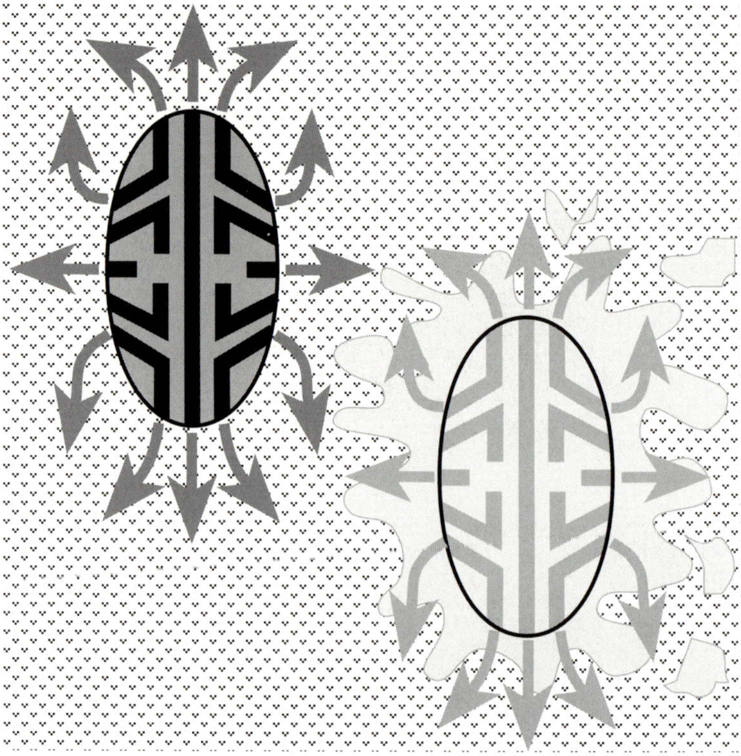

Les disques de freins, refroidis par la pluie, perdent de leur efficacité. On peut pallier cet inconvénient en pinçant de temps en temps les commandes des freins. Attention toutefois à ne pas exagérer, car un frein parfaitement chaud et sec est trop puissant par rapport aux frottements réduits du pneu sur la chaussée mouillée.
En revanche, les freins à tambours peuvent être sujets à des infiltrations qui modifient énormément l'effet freinant. La pluie provoque deux autres effets négatifs : le premier est la diminution du coefficient de frottement entre la chaussée et la bande de roulement. Le deuxième est lié au refroidissement des pneus qui, pour avoir des performances optimales, doivent avoir une bonne température de fonctionnement. Un autre facteur de perturbation est représenté par les bandes de signalisation peintes sur la chaussée : évitez les flèches ou les indications autoroutières, longitudinales, surtout en virage et en freinage

Il est conseillé de laver la carrosserie avec de l'eau et un détergent, au moyen d'une éponge souple. Pour le rinçage, aucune précaution particulière ne s'impose : il suffit de protéger, contre l'eau, la boîte du filtre à air et l'orifice de sortie des gaz d'échappement du pot. En revanche, l'équipement électrique est suffisamment imperméabilisé pour ne pas craindre l'humidité

LE LAVAGE ET L'EFFICACITÉ

On ne lave pas une moto uniquement pour des raisons esthétiques. En effet, pendant l'opération de nettoyage, on peut inspecter à fond tous les détails de la machine ce qui permet de se rendre compte de l'usure de certaines pièces, de constater, éventuellement, que quelques vis sont desserrées, ou bien de remarquer une fuite d'huile dans un endroit peu visible. On réservera un soin tout particulier à la chaîne de transmission. Le progrès significatif, représenté par l'invention des chaînes autolubrifiantes, n'est pas aussi absolu que l'on pourrait le croire. De toute manière, la lubrification allonge la durée de vie de cette pièce mécanique ainsi que des autres pièces concernées par la transmission finale (pignon et couronne). Les parties grasses peuvent être nettoyées avec un pinceau imbibé de kérosène ou d'essence, avant le lavage. Ne procédez pas de cette manière pour les disques et les étriers des freins ni pour la chaîne de transmission. Les pièces en caoutchouc risquent de se détériorer rapidement si vous les traitez avec des solvants et des hydrocarbures, les disques quant à eux ne seront pas suffisamment propres pour être efficaces

L'application d'une cire protectrice aide à maintenir le brillant des surfaces métalliques, à préserver le vernis et à faire glisser la pluie, ce qui retarde l'apparition de la rouille. Pour ce qui est des pièces en plastique, il est possible d'éviter la décoloration du vernis et de conserver un aspect « neuf » pendant plusieurs années. De nos jours, la sellerie ne nécessite pas de précautions ni de traitements particuliers

UN ÉLÉMENT DE PREMIÈRE IMPORTANCE : LA CONDITION PHYSIQUE

Certains jours, nous ne sommes pas au mieux de notre forme physique : dans ce cas, il est conseillé de remettre à plus tard la sortie prévue, même s'il ne s'agissait que d'une promenade dominicale. Si vous ne voulez pas renoncer à ce moment de plaisir, n'oubliez pas, justement, qu'il doit s'agir d'un plaisir. Évitez de forcer l'allure : c'est la seule attitude raisonnable.
Il est possible également que vous soyez en pleine forme le matin au départ, mais qu'après un déjeuner un peu copieux et/ou arrosé, vous vous sentiez un peu alourdi ou endormi.
Sachez qu'il faut environ trois heures pour évacuer les effets d'un repas trop plantureux. Si vous reprenez tout de même votre moto, n'oubliez pas de protéger votre estomac, même s'il ne fait pas très froid.
Si vous voulez seulement vous arrêter pour vous restaurer, choisissez un plat du jour, qui, souvent, malgré les apparences, se digérera plus rapidement qu'un sandwich.
Bien entendu, dans certains cas, la conduite est formellement déconseillée : certains médicaments par exemple peuvent induire un état de somnolence ou retarder nettement les temps de réaction. Il est important de bien connaître sa condition physique avant le départ : il s'agit d'une question de sécurité et de clairvoyance.

LES TRAJECTOIRES DANS LES VIRAGES

L'art de négocier les virages est, indéniablement, d'une très grande importance. En effet, d'une part, le plaisir de la conduite en dépend et, d'autre part, cet aspect du pilotage a des répercussions directes sur la sécurité. Il ne faut jamais oublier que les pilotes de compétition et les « amateurs » ne roulent pas du tout dans les mêmes conditions : les premiers ont, par exemple, la possibilité d'examiner leur parcours, centimètre par centimètre, le circuit est toujours totalement visible, les structures de sécurité (point de fuite, gazon, protections contre les chocs) sont étudiées et fonctionnelles et tous les dangers sont signalés au pilote. En revanche, pour un motard lambda chaque instant doit être vécu pleinement et rien ne peut être programmé car les surprises peuvent survenir à tout moment.

La marge de sécurité qu'un conducteur expérimenté réussit à conserver, grâce à un niveau d'attention constant, suffit généralement pour faire face aux situations inattendues, à condition de ne pas se laisser prendre par la panique.

En théorie, il est conseillé d'aborder les virages en mettant un filet de gaz, par conséquent, il faut éviter d'arriver en freinant ou de rétrograder au moment où l'on attaque le virage, ou, pire, une fois que la trajectoire est lancée : il ne faut jamais oublier ce principe très important. En cas de nécessité, l'intervention sur les freins reste possible, mais n'oubliez pas que la moto a tendance à se redresser et à élargir la courbe, surtout si vous agissez sur le frein avant.

COMMENT NÉGOCIER LES VIRAGES

« La garde avant » de la fourche (c'est-à-dire la distance de quelques millimètres entre le point d'appui du pneu et la projection au sol de l'axe des fourches) et l'effet gyroscopique des roues favorisent le maintien d'une direction rectiligne. Pour modifier cette direction uniforme, il faut appliquer une force faisant tourner le guidon qui, avec la vitesse, provoquera l'inclinaison du véhicule dans le sens opposé à la poussée appliquée. En résumé, pour tourner vers la droite on poussera le guidon comme si l'on voulait tourner à gauche ; la moto se pliera alors vers la droite et la trajectoire se dirigera de la même manière. Pour appliquer cette force au guidon, il est nécessaire d'utiliser les deux mains, une pour pousser et l'autre pour tirer la poignée qu'elles tiennent respectivement.

Les avis divergent sur le mode d'action approprié : selon certains, l'effort de traction doit être prépondérant par rapport à celui de poussée, tandis que d'autres affirment exactement le contraire. La deuxième hypothèse semble plus logique d'un point de vue physique et anatomique, car la poussée est appliquée par la paume de la main, qui est certainement plus efficace et puissante que les doigts, qui devraient agir dans le sens opposé. Toutefois, une difficulté supplémentaire apparaît dans les virages à droite pour lesquels la main soumise aux efforts les plus importants doit également agir sur la commande des gaz.

LES MEILLEURES TRAJECTOIRES

Courbe à rayon constant, avec visibilité complète de la sortie. La trajectoire A correspond à celle que l'on choisirait sur un circuit. Sur route, le code impose de ne pas dépasser la bande continue : par conséquent, la trajectoire B sera la plus appropriée

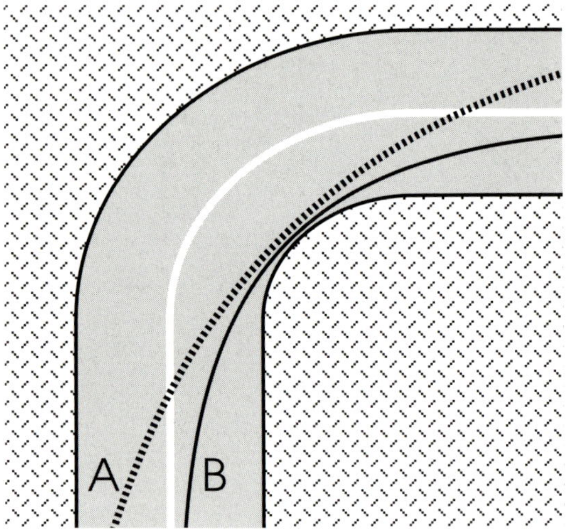

Lorsque le virage tend à s'élargir en sortie, le point de corde interne est situé plus en avant, tandis que les trajectoires possibles sont identiques à celles préconisées pour la situation précédente. Dans ce genre de cas (typique des trajectoires sur circuit), il est possible d'ouvrir les gaz plus tôt et de sortir de la courbe beaucoup plus rapidement

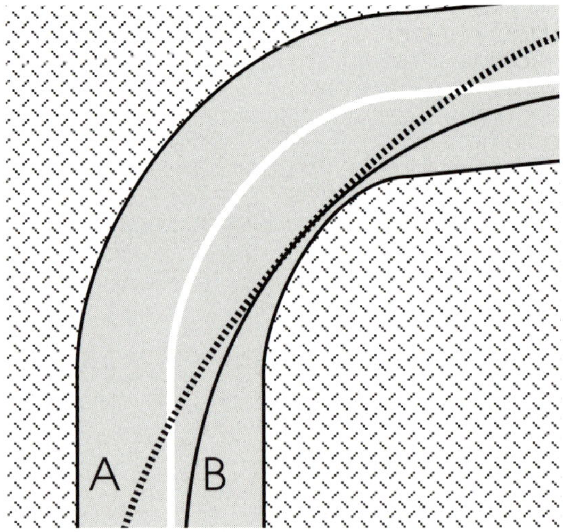

En revanche, si le virage tend à se fermer en sortie, on ouvrira les gaz plus tard, et l'on atteindra le point de corde interne plus tôt. La situation exposée ici suppose des conditions de visibilité complète. Malgré cela, à vitesse élevée, il n'est pas facile de prendre la mesure de la réduction du rayon de courbure, on pourra donc faire varier la vitesse uniquement en sortie en anticipant plus ou moins l'ouverture des gaz

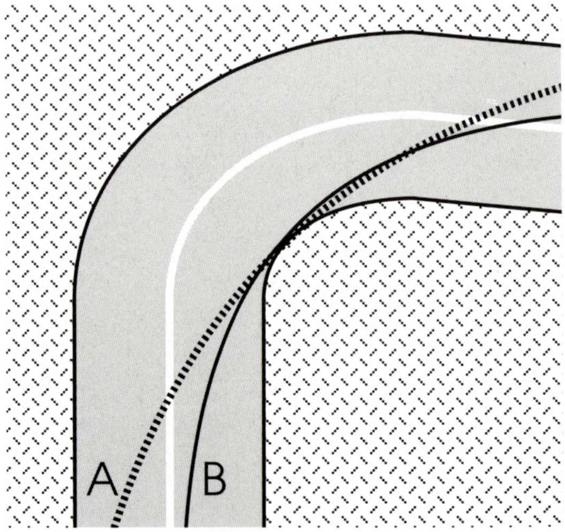

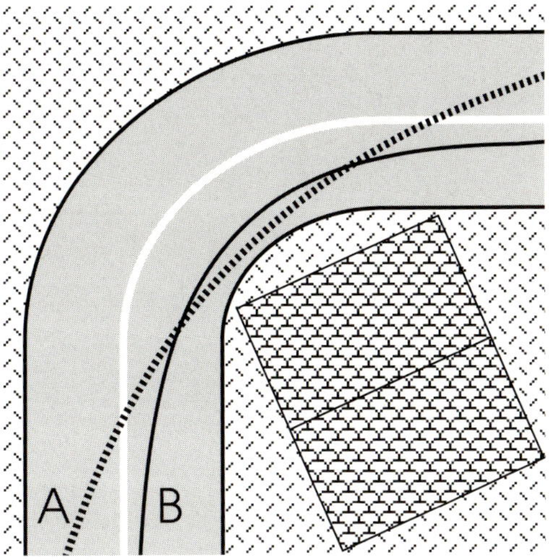

Si la visibilité est bouchée par un bâtiment ou tout autre obstacle, il est absolument impossible d'évaluer la longueur et le rayon du virage. L'état de l'asphalte et l'encombrement de la chaussée sont également inconnus. Si l'on arrive au point de corde plus tôt que prévu, la seule surprise sera de constater que l'on est trop « lent » pour la situation réelle du parcours

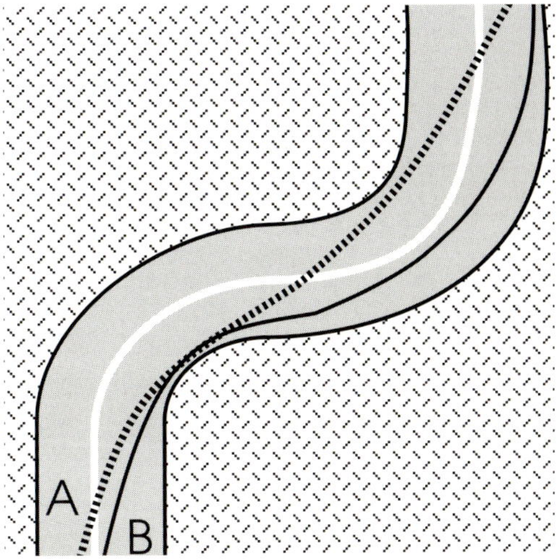

Pour éviter de paniquer face à un virage suivi d'un contre-virage, il est conseillé de négocier le premier en choisissant une trajectoire permettant d'être plus rapide dans le deuxième. Cette solution est également recommandée en cas de visibilité limitée. Il n'est pas inutile de donner un coup de klaxon avant l'entrée du virage

LES VIRAGES SERRÉS

Les virages serrés sont peu appréciés par les possesseurs de lourdes motos de grosse cylindrée. La première est souvent trop longue pour maintenir un régime de rotation raisonnable. En outre, il est difficile de doser la puissance à vitesse réduite. Dans ces conditions, il n'est pas rare de devoir céder le pas à une enduro de petite cylindrée beaucoup plus maniable et rapide dans les changements de direction. Pour les grosses motos de tourisme, il est conseillé d'affronter la première partie du tournant en freinant pour rétrograder au milieu de celui-ci puis de procéder quasiment comme si l'on repartait à partir du point mort

LA MOTO DANS LES VIRAGES

Pour reprendre ce qui a déjà été dit sur les cadres et la maniabilité des motos (voir pages 12 et 13), les motos en parfait état ne subissent pas de variations brutales ayant des répercussions sur leurs performances, si ce n'est pour ce qui concerne les dimensions du cadre et, en particulier, la longueur de la garde avant (voir page 59). En effet, comme on le voit sur les deux dessins ci-dessous, tout d'abord pour une moto en situation normale, puis pour une moto en train de freiner, l'inclinaison de la fourche est telle qu'elle provoque un raccourcissement de la « garde avant » lorsque le train avant s'enfonce sous l'action des freins.
Étant donné que la maniabilité est inversement proportionnelle à la dimension de cette « garde avant », il est plus facile d'incliner latéralement la moto lorsque la fourche est comprimée que lorsqu'elle est détendue. En outre, l'abaissement général du centre de gravité rend cette manœuvre plus facile et spontanée.
Toutefois, il n'est pas possible de comprimer les ressorts avant uniquement en déplaçant le poids du pilote, tout comme il est impensable de freiner lorsque l'on attaque la courbe. La seule méthode efficace consiste à profiter de la phase terminale du débrayage, au moment exact où l'on relâche le frein avant et où la fourche ne s'est pas encore détendue, pour commencer à incliner latéralement la moto, en douceur et sans effort.

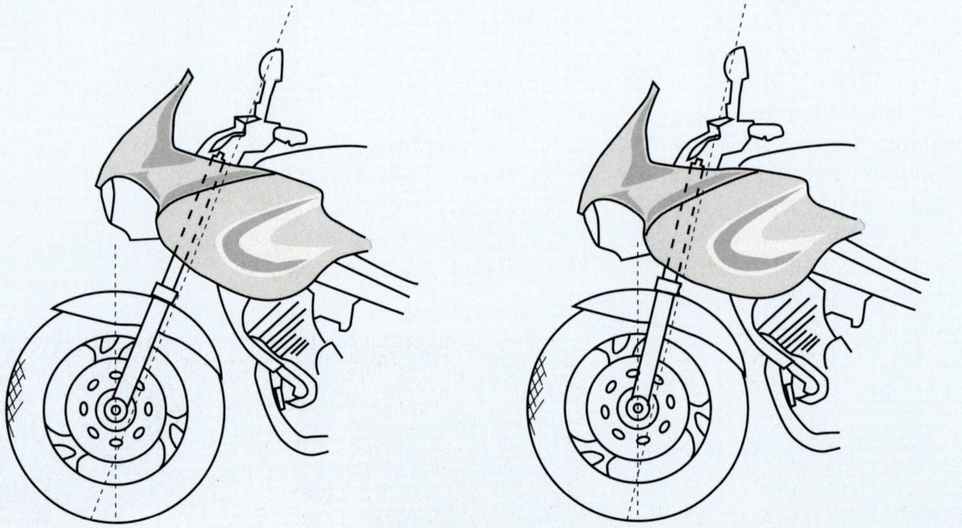

LA SORTIE DE VIRAGE

En sortie de virage, le motard rouvre les gaz.
On passe donc d'une charge sur la partie avant, pendant le débrayage, à une situation neutre pendant l'ouverture du « filet de gaz » pour arriver à un allégement du train avant, dû à l'accélération franche en sortie. Le pilote peut contrebalancer la tendance de la roue avant à se détacher du sol en sortie de virage en faisant peser son propre poids sur le guidon

LES MOTOS SPORTIVES

Sauvages, puissantes, même agressives, non seulement les « super » sportives sont à l'image des motos de course mais les constructeurs ont utilisé pour leur conception toute l'expérience accumulée sur les circuits. Ainsi ils appliquent à ce type de machines les solutions les plus novatrices. L'un des championnats les plus suivis par les passionnés de motos est celui des Super Bikes et des Super Sports qui sont des motos de série qui n'ont été que partiellement modifiées, selon des limites fixées par le règlement. Un motard « normal » peut (en se saignant aux quatre veines, peut-être) acheter une moto de ce type qu'il pourra utiliser sur la route. À l'heure actuelle, il n'est pas impossible de conduire une moto sportive dans la circulation mais cela nécessite un certain nombre de sacrifices. La position de conduite est conditionnée par la position basse du guidon et par les repose-pieds relevés : les personnes de grande taille auront le corps comprimé dans un espace étroit et souffriront du manque de liberté de mouvement. Les manœuvres dans la circulation sont difficiles à cause de l'angle de braquage réduit mais, lorsque la route se libère et qu'il est possible de « mettre la poignée dans le coin », l'on ressent une sensation de sécurité inégalée. C'est précisément cette sensation qui doit être traduite en données objectives si l'on veut pouvoir rouler tranquillement et en toute sécurité. La tenue de route est, certes, exceptionnelle, le freinage est puissant, le hurlement du moteur au régime le plus élevé est fascinant : une véritable musique pour les connaisseurs, mais une moto n'est pas un train et elle ne se déplace pas sur des rails. Il existe des limites de vitesse qui ne doivent pas être dépassées car ces « pur-sang » ne pardonnent guère les erreurs.

GRANDES OU PETITES, MAIS SPORTIVES

Depuis peu, l'on trouve dans le commerce une routière sportive pouvant dépasser les 300 km/h. Une telle vitesse, outre qu'elle dépasse « légèrement » les limites fixées par le code de la route, n'est pas à la portée de tout un chacun. Pour s'en convaincre, il suffit de savoir qu'à une allure pareille, l'on parcourt plus de 80 m en une seconde

La conduite d'une petite moto sportive diffère nettement de celle d'une « maxi » de la même catégorie. L'encombrement et le poids sont très différents, tout comme l'effort nécessaire pour faire varier la trajectoire. Même si la géométrie du cadre permet d'associer stabilité et maniabilité, un guidon très étroit nécessite l'application d'une force supérieure dans les changements de direction

UN CARÉNAGE EFFICACE

L'efficacité d'un carénage ne dépend pas de ses dimensions mais de la précision des études en soufflerie. Une moto possède un coefficient de pénétration aérodynamique nettement inférieur à celui des véhicules fermés, mais le rapport poids/puissance compense ce désavantage. Il importe que le flux de l'air dévié passe au-dessus des occupants sans créer de turbulence. La présence d'un pare-brise à inclinaison et hauteur variables améliore l'efficacité, même lorsque le conducteur est de très grande taille

LA PUISSANCE FOURNIE

Avec les moteurs de machines sportives, la puissance peut être fournie assez brutalement. Il est indispensable de jeter un coup d'œil à l'aiguille du compte-tours pour se rendre compte de la manière dont la moto réagit lorsque l'on manipule la poignée des gaz. Quoi qu'il en soit, il est conseillé d'être prudent lorsque l'on accélère à la sortie des virages, en particulier si la chaussée n'est pas sèche, car, dans ce cas, la roue arrière peut très facilement perdre de son adhérence

LES CHANGEMENTS DE VITESSE

L'embrayage est indispensable dans le cas de départ à l'arrêt mais il perd de son importance en mouvement : si le motard a une sensibilité qui lui permet de « sentir » quels sont les tours appropriés pour le moteur, il lui est possible de passer au rapport supérieur en travaillant uniquement sur l'accélérateur. Dans tous les cas, avant d'expérimenter cette procédure, il faut apprendre à utiliser le levier d'embrayage en parfaite synchronisation avec l'accélérateur et le changement de vitesse : la simultanéité parfaite des trois mouvements n'est pas la procédure la plus appropriée car le changement de vitesse doit être actionné quelques fractions de secondes avant pour arriver à sentir le point d'appui du sélecteur avant de fermer les gaz et de tirer sur l'embrayage. Le passage des vitesses sera plus rapide et plus doux, le levier de l'embrayage ne demandera pas d'être tiré jusqu'au fond et la fermeture des gaz sera très limitée. L'on économise très peu de temps mais le mouvement est fluide et sans à-coups, ce qui favorise le plaisir de la conduite et protège la mécanique du véhicule.

LES INCLINAISONS LATÉRALES

Les motards déplacent leur point d'appui sur la selle vers l'intérieur de la courbe : il s'agit d'une manœuvre absolument nécessaire à grande vitesse. Le poids du motard représente un pourcentage significatif de la masse totale : en glissant vers l'intérieur, il déplace le centre de gravité dans la même direction, ce qui signifie qu'il peut aller plus vite, à inclinaison égale. Cette manœuvre est indispensable lorsqu'une partie mécanique commence à frotter contre le sol sans que les pneus ne soient proches de leur limite d'adhérence

En course, écarter la jambe à l'intérieur de la courbe présente deux avantages : l'on a ainsi la sensation directe de l'inclinaison atteinte et l'on exploite la résistance aérodynamique du membre qui dépasse pour aider la moto dans son changement de direction. Sur route, le premier facteur est négligeable, tandis que le second peut être intéressant avec des motos sportives sur des parcours rapides. Mettre les pieds « en canard » est moins utile et véritablement peu esthétique !

Comme nous venons de le voir, lorsque l'on attaque un virage, le centre de gravité de la moto et la surface exposée au vent de la course peuvent être modifiés par le pilote lorsque celui-ci change sa position sur la selle. On peut ajouter à ces manœuvres la pression du pied intérieur sur le repose-pied qui contribue à décharger une partie du poids sur une zone plus basse du véhicule. Dans ces conditions de « déséquilibre » deux mesures correctrices sont nécessaires : premièrement serrer la jambe extérieure contre le réservoir pour maintenir un contact étroit avec le véhicule et continuer à en sentir les réactions, deuxièmement déplacer l'épaule vers l'avant du côté interne, ce qui, généralement, se fait spontanément et réduit la résistante aérodynamique de l'autre partie du buste, permettant un meilleur contrôle global

EN MONTÉE

En montée, la répartition des poids est modifiée et tend à charger la roue arrière.
Dans cette situation, la conduite doit tenir compte de l'amélioration de la maniabilité et de la tendance de la roue avant à se soulever du sol plus facilement.
Il est également possible de retarder légèrement le moment où elle se détachera grâce à la force de gravité qui s'ajoute au pouvoir de freinage du véhicule.
L'ouverture des gaz peut être plus franche : le moteur répond brutalement mais l'effet est atténué par la montée

EN DESCENTE

Le retour vers les vallées représente une des situations les plus dangereuses pour la conduite. En descente, les freinages s'allongent et le frein arrière perd une grande partie de son efficacité car la pente tend à alléger le train arrière. Il ne faut pas oublier qu'une utilisation intense des freins amène un échauffement des disques et des plaquettes, jusqu'à provoquer des phénomènes de *fading* (perte d'efficacitó). Enfin, les zones d'ubac en montagne peuvent présenter des chaussées humides même pendant des journées très chaudes

FREINER DANS LES VIRAGES

Déconseillée dans tous les cas, cette manœuvre est pourtant fréquente dans la circulation face à des obstacles imprévus, ou lorsque l'on ne connaît pas le tracé du virage ou bien encore lorsque la courbe ne laisse pas une visibilité complète et que des mauvaises surprises sont possibles.
L'action sur le frein arrière permet uniquement un ralentissement et ne suffit pas en cas d'urgence, ce qui est regrettable, car son influence sur la trajectoire est minime, encore que abuser et en arriver au blocage peut avoir des conséquences désastreuses.
En revanche, lorsque l'on freine avec le frein avant, la moto a tendance à se soulever, ce qui ne convient évidemment pas au conducteur. Si vous repérez l'obstacle lorsque vous attaquez le virage, vous pouvez intervenir en freinant nettement. Le véhicule sera alors amené à l'extérieur de la chaussée (ce qui, généralement, élargit le champ de vision).
Vous pourrez alors réagir en inclinant à nouveau fortement la moto sur le côté. La trajectoire ne sera évidemment pas la meilleure et la vitesse de parcours en sera réduite.
De toute manière, avant d'effectuer une manœuvre de ce type, il faut déterminer s'il n'y a pas une autre possibilité mais, dans ce cas, il doit s'agir d'une alternative sûre car, une fois la solution choisie, il est difficile de revenir en arrière.
La dernière manœuvre corrective possible, mais qui nécessite des talents d'acrobatie supérieurs à la moyenne, est celle qui consiste à ouvrir les gaz tandis que l'on actionne le frein avant : un léger dérapage, à condition qu'il reste contrôlable, peut rétablir l'équilibre du véhicule et le ramener dans sa trajectoire.

LES MOTOS DE TOURISME

À la différence de leurs cousins allemands, qui sont capables de parcourir des milliers de kilomètres sur n'importe quel type de machine, du cyclomoteur à la custom, les Français, moins spartiates, préfèrent souvent voyager confortablement et apprécient les motos de tourisme, qu'ils utilisent pour visiter l'hexagone de long en large, par exemple. Ces véhicules sont également destinés à de longues « chevauchées » sur autoroute et un certain nombre de conseils donnés aux touristes motards concernent spécifiquement ce type d'équipée.

L'ASSIETTE AÉRODYNAMIQUE

Le vent produit par la course contribue indéniablement à la griserie qui caractérise la conduite en moto, mais il diminue aussi la résistance physique lorsque l'on effectue de longs parcours à grande vitesse.
Le carénage, outre qu'il augmente la vitesse maximum possible, améliore le confort, protège (partiellement du moins) contre la pluie et dirige d'une manière appropriée l'air vers le groupe thermique, ce qui permet d'améliorer le refroidissement.
L'introduction des carénages de protection pour les machines commercialisées est relativement récente (un peu plus de vingt ans), mais, récemment, l'on a vu réapparaître ce que l'on appelle les motos « nues » (*naked* en anglais), qui ont un grand impact visuel, car elles permettent de voir toute la structure de la machine tout en réduisant son poids global. Toutefois, d'un point de vue strictement touristique, l'absence de protection n'est pas souhaitable.
En effet, même les enduros, depuis que leur vitesse maximum a augmenté et qu'elles sont de plus en plus utilisées sur la route et pour le tourisme, ont été dotées d'un minimum de carénage.

LA POSITION

Sur des longs parcours, la forme du guidon et la position des leviers jouent un rôle essentiel. La forme du guidon n'est pas une garantie en soi, mais elle est intéressante si elle est intégrée à une structure équilibrée et ergonomique. En général, les motos de tourisme se situent entre les sportives et les tout-terrain. Le guidon est légèrement relevé mais n'est pas très large.
Grâce à cette première caractéristique, le motard n'est pas obligé de trop plier le buste en avant et ne fait pas peser une charge excessive sur ses poignets.
La seconde de ces caractéristiques est destinée à permettre une position confortable. En effet, le guidon assure un confort maximum lorsque sa largeur totale correspond à celle des épaules du conducteur

SUR AUTOROUTE

Lorsque vous roulez sur autoroute, n'oubliez pas que les autres véhicules n'ont pas la souplesse des motos. Par ailleurs, il faut savoir que la plupart des automobilistes ne tiennent pas en très haute considération les conducteurs de deux-roues. Dans presque tous les pays européens, il est obligatoire de garder les feux de croisement (ou codes) allumés même la journée. En fait, il s'agit d'une mesure de sécurité indispensable qu'il ne faut pas négliger

LES RÉTROVISEURS

Toutes les motos de tourisme sont dotées d'une paire de rétroviseurs permettant une bonne visibilité et qui font partie de l'équipement de base.
Le conducteur doit les conserver en excellent état et les utiliser souvent. Même si votre vitesse de croisière est soutenue, quelqu'un de plus rapide que vous peut toujours arriver à l'arrière

LA PROTECTION CONTRE LE FROID

Un carénage s'étendant également vers le bas permet aussi de protéger les jambes du motard. Dans certains cas, les constructeurs ont prévu des dispositifs pour diriger vers les occupants l'air chaud qui a servi au refroidissement du moteur. Même si son efficacité n'est pas comparable à celle du chauffage d'une automobile, les jours de grand froid, ce courant plus tempéré apporte un certain soulagement

LES VOYAGES EN GROUPE

Lorsqu'elles voyagent en groupe, les motos doivent être disposées de manière à être décalées. De la sorte, en effet, il est possible de maintenir la cohésion du groupe sans que personne ne perde la visibilité de la route. En outre, le sillage créé par la moto précédente provoque des turbulences qui risquent d'occasionner des tressautements du casque et des vêtements

LA CIRCULATION

Sur une route à grande circulation, il est conseillé de dépasser les autos les unes après les autres pour avoir une visibilité parfaitement dégagée. Non seulement il est dangereux de dépasser les autos sur la droite, mais le code de la route est formel : c'est totalement interdit. Par contre, on peut remonter une file sur la droite, en prenant des précautions

Grâce à leurs capacités d'accélération, les motos peuvent généralement effectuer les dépassements sans problème. Pour doubler, un deux-roues a besoin d'un espace nettement inférieur à celui nécessaire à une voiture. En revanche, les distances de freinage étant équivalentes, le motard doit prévoir des marges de sécurité très importantes par rapport aux dimensions physiques de sa machine

En ville, malgré les vitesses réduites, la possibilité de heurter quelque chose est plus élevée, même si les conséquences en sont généralement moins graves.
Lorsque l'on se faufile entre plusieurs rangées de voitures immobiles il arrive très fréquemment que l'on heurte des rétroviseurs externes de voitures qui dépassent d'environ 20 cm et peuvent se trouver exactement à la hauteur du guidon des motos routières. Par ailleurs, en remontant entre deux files de voiture, il faut veiller aux changements de voie des véhicules, donc rouler prudemment

Pour s'extirper de la circulation démentielle des villes, on est parfois tenté de se faufiler dans le moindre espace qui se présente à nous.
Lorsque l'on change de voie, il faut vérifier qu'un autre deux-roues n'arrive pas à l'arrière.
En particulier, les motards qui conduisent les grosses cylindrées n'ont pas toujours conscience de l'agilité des cyclomoteurs, et oublient que ceux-ci peuvent être parfois plus rapides qu'eux dans la circulation urbaine

LE FREINAGE EN VIRAGE

Sur route, il peut être nécessaire de freiner dans un virage, par exemple si la personne qui nous précède ralentit brusquement. Étant donné que, pendant une manœuvre de ce type, la moto a tendance à élargir sa trajectoire, il faut prévoir la possibilité de trouver un espace de repli. En outre, les deux-roues ne peuvent se permettre le luxe d'être heurtés lorsqu'ils sont en mouvement, car cela provoque immanquablement une chute. Lorsque vous freinez, n'oubliez donc jamais de donner un coup d'œil aux rétroviseurs

ON N'EST JAMAIS TROP PRUDENTS !

Personne n'aime faire la queue. Pas même les automobilistes. Mais restons raisonnables ! En effet, il est dangereux de se faufiler à toute vitesse entre les voitures, car il suffit d'une erreur d'appréciation de quelques centimètres pour se retrouver dans une situation fort désagréable. En outre, il faut toujours avoir présent à l'esprit que les motocyclistes et les automobilistes ont une perception de l'espace et du temps totalement différente. Les conducteurs de voiture, à cause de l'encombrement supérieur de leur véhicule et de leur relative lenteur dans les déplacements et les changements de direction, ne parviennent pas à évaluer correctement le temps qui s'écoulera entre le moment où ils aperçoivent une moto et celui où elle arrive sur eux. Après un coup d'œil dans le rétroviseur où il ne voit rien, un automobiliste peut décider de changer de voie ou d'effectuer une autre manœuvre. Il peut donc s'avérer extrêmement dangereux d'arriver à très vive allure, sans conserver une distance suffisante avec les voitures que l'on dépasse.

LES CUSTOMS

À l'origine, les pilotes de custom étaient souvent inspirés par une philosophie orientée vers la recherche d'une liberté absolue. Les années passant, cet esprit « libertaire » s'est un peu dilué et a perdu une partie de ses connotations agressives.

Aujourd'hui, la plupart du temps, ceux qui choisissent ce type de machines sont motivés uniquement par des motivations d'ordre esthétique. Il s'ensuit donc logiquement que le pilote de custom « type » n'est plus du tout, de nos jours, un individu violent et dangereux, mais un touriste, qui, à la grande vitesse, préfère le plaisir de vivre en contact avec les paysages et la nature, dans le calme et la sérénité. Certains arborent encore des tenues assez singulières, mais il n'est plus nécessaire de porter forcément un blouson clouté ou orné de franges de cinquante centimètres lorsque l'on pilote ce genre d'engins. Les motos appartenant à cette catégorie, en particulier les japonaises de la dernière génération, ne présentent pas un aspect très spectaculaire mais elles sont maniables et d'une fiabilité enviable. D'un point de vue mécanique, les moteurs qui équipent les customs nécessitent un entretien des plus réduits et permettent d'accumuler un nombre incroyable de kilomètres.

UN LOOK QUI NE PASSE PAS INAPERÇU...

Voici une photo caractéristique du look des motards pilotant des customs. Du point de vue de la sécurité, cette tenue n'est pas la plus appropriée, mais, de toute évidence, elle ne passe pas inaperçue. Il est également possible de rencontrer des personnages vêtus au contraire avec une élégance extrême : au fond il s'agit aussi d'une sorte de petite transgression « à rebours »

LA SELLE AU RAS DU SOL

Le centre de gravité est bas et placé en arrière, ce qui est une conséquence logique de la position du moteur et de la selle ainsi que de la longue fourche. Étant donné la forme de leur train avant, ces motos sont peu maniables. Les customs sont particulièrement adaptées pour les longues lignes droites où l'on peut quasiment oublier de tenir le guidon

LE FREINAGE

La différence de section entre les pneus avant et arrière ne représente pas une difficulté pour la conduite car elle est liée à une certaine répartition des poids. Ce qui est important, si l'on veut bien conduire ce type de moto, c'est d'évaluer correctement les espaces de décélération qui, en général, sont plus longs que pour les autres motos

LES VIRAGES

Pour prendre un virage en toute sécurité avec une moto aussi longue, il faut agir résolument, en force, mais sans manœuvre violente. Il faut calculer la trajectoire un petit peu en avant car ces motos ont une réaction plus lente. En sortie, il est possible de prendre une revanche en ouvrant les gaz plus tôt qu'avec d'autres motos

UNE CONDUITE TRANQUILLE

La quasi-absence de cabrage et la souplesse des accélérations, générées par ces moteurs au tempérament « sage », sont un gage de sécurité. Il est également possible d'utiliser la puissance du frein arrière aidé par un poids important sur la roue correspondante. En outre, celle-ci est dotée d'une large surface d'appui au sol

LES MOTOS D'ENDURO

Pour définir correctement cette catégorie, il faut apporter une précision : il existe, d'une part, des enduros destinées à la compétition et, d'autre part, des machines, qui, malgré une apparence rappelant les monstres du Paris-Dakar sont, en réalité, des routières tout à fait dociles. Les premières ont une ligne élégante et dépouillée, mais, surtout, elles se caractérisent par une hauteur au sol importante. Les secondes laissent transparaître leur vocation « mixte » notamment par leurs pneus qui sont dotés de sculptures peu profondes. En fait, on parle d'enduros pour les motos moins sportives pouvant être conduites à la fois sur le bitume et en tout-terrain sur de longues distances et d'enduros tout-terrain pour celles qui sont destinées uniquement aux chemins de terre. La conduite des enduros tout-terrain peut être assimilée à celle des motos de tourisme, si ce n'est que ces machines permettent de rouler sur des pistes en terre où elles sont encore à l'aise grâce à leurs pneus sculptés plus profondément et à la hauteur au sol qui permet certains passages plus difficiles.

DU CROSS AU TOURISME

Alors qu'une partie de ces motos sont destinées uniquement au tourisme, les motos d'enduro les plus performantes ne sont pas très différentes des motos de cross. Ces différences se réduisent à l'équipement électrique et au silencieux réglementaire pour l'utilisation sur route

LES PARCOURS

Toutes les courses d'enduro ne sont pas des raids de longue durée se déroulant dans des contrées lointaines : ceux-ci ne représentent qu'une partie, la plus spectaculaire, de ce type d'activité. Les parcours étant semés d'obstacles qui les rendent extrêmement difficiles, l'enduro nécessite non seulement une conduite de type cross mais également la capacité d'improviser en permanence. Les tracés ne peuvent pas être étudiés à l'avance et le pilote doit se fier à son *road book*

LA VITESSE

À vitesse élevée, les motos d'enduro ont tendance à onduler d'une manière plus ou moins visible selon les modèles, à cause de la souplesse des suspensions et de l'effet de « voile » provoqué par le garde-boue avant, éloigné de la roue. Cette distance est prévue pour permettre l'expulsion de la boue qui, en tout-terrain, risque de recouvrir la roue avant. Aujourd'hui, en fait, on utilise de plus en plus souvent des garde-boue de type routier, rapprochés de la roue avant. Il existe toutefois un système pratique et indolore pour réduire l'ondulation à haute vitesse : il suffit de relâcher la prise de la main sur la poignée gauche. Le bras droit agira comme un amortisseur de direction en réduisant l'effet d'oscillation du train avant

LE FREINAGE

Les distances de freinage ne sont pas beaucoup plus importantes que pour une moto de tourisme.
En effet, le pouvoir de freinage réduit est compensé par le poids limité, mais le train avant a tendance à s'enfoncer, ce qui diminue le confort du passager qui risque de glisser le long de la selle et de buter contre le conducteur qu'il dérangera ainsi pendant la conduite

LE TOUT-TERRAIN

Si vous quittez le réseau routier pour vous aventurer sur une piste de terre plus ou moins difficile, n'oubliez pas que les rapports de changement de vitesse ne permettent pas d'évoluer en souplesse. Un élan est nécessaire pour franchir les passages les plus difficiles. Le couple moteur bien réparti, en revanche, surtout dans les bicylindres modernes, permet une conduite tranquille, même en montée ou dans les virages ou bien avec un passager à bord

Les cours d'eau cachent certains pièges dont il faut tenir compte. Si l'eau est trouble vous ne pourrez en déterminer la profondeur que si vous descendez à pied dans l'eau. Même si l'eau est transparente, il n'est pas facile d'en évaluer la profondeur qui a l'air toujours inférieure de ce qu'elle est en réalité. Les obstacles présents sur le fond (les pierres) semblent beaucoup plus petits qu'ils ne le sont réellement et ils ne sont jamais stables. L'imperméabilité de l'équipement électrique est garantie mais ce n'est pas le cas de la boîte du filtre à air

L'UTILISATION TOURISTIQUE

La plupart des motos d'enduro sont utilisées pour le tourisme car leur selle et leurs suspensions sont très confortables, mais aussi parce que les machines de ce type sont à la fois légères et peu onéreuses. Les constructeurs se sont adaptés à cette évolution du marché et proposent des modèles qui sont de plus en plus appropriés pour un usage sur la route. En contrepartie, ces motos sont beaucoup plus lourdes et coûteuses que les précédentes

Sous le poids des bagages et des occupants, les motos d'enduro s'enfoncent d'une manière visible jusqu'à disposer d'une course réduite pour la suspension. Les ondulations à grande vitesse ont tendance à diminuer. Toutefois elles restent très perceptibles dans les virages, surtout si les pneus sont gonflés selon les indications données par le constructeur. Deux dixièmes d'atmosphère en plus à l'avant et trois ou quatre à l'arrière peuvent améliorer la situation

LES MOTOS DE CROSS

Les machines de cross présentent des caractéristiques techniques extrêmement intéressantes. Leur cadre et leurs suspensions sont capables de supporter des contraintes incroyables. Il suffit de suivre une course de cross pour s'en rendre compte. En effet, le terrain est tellement accidenté qu'aucun autre véhicule sur roues ne pourrait effectuer le parcours à une vitesse pareille.
La préparation physique et mentale du pilote revêt une importance extrême : aucun calcul mathématique ne permet de deviner une trajectoire, car le terrain, extrêmement accidenté, exige souvent du pilote qu'il fasse preuve de sens de l'improvisation et d'inventivité.
Les moteurs, des deux temps pour la plupart, sont capables de fournir une puissance spécifique très élevée et permettent des accélérations très brutales.
Le positionnement du corps du pilote et sa capacité à doser correctement l'ouverture des gaz sont des éléments qui revêtent une importance primordiale pour la conduite.

LE DÉPART

Dès la phase de départ et d'accélération, les motos de cross ressemblent à des fauves indomptables. Avec les plus grosses cylindrées, il est déconseillé de démarrer avec le rapport le plus court car la tendance au cabrage est tellement marquée que cela peut empêcher la pleine ouverture des gaz. Il est un peu plus facile de gérer la puissance fournie par une moto dotée d'un moteur à quatre temps, du fait de son poids supérieur, mais le contrôle dynamique de la machine devient moins facile

LA CONDUITE DEBOUT

Lorsque le motard de cross se met debout sur les repose-pieds, il déplace le centre de gravité global de manière à restaurer l'équilibre ou à gagner en stabilité. Les jambes essaient toujours de serrer le réservoir pour avoir un contrôle plus immédiat de la moto, que ce soit en « vol » ou au sol. Il est indispensable d'avoir une grande force musculaire pour ce sport où la technique et les réflexes sont nécessaires mais ne suffisent pas pour assurer la victoire

LE SAUT

Pendant la première partie du vol, le pilote essaie de garder une position lui permettant de ne pas provoquer une résistance aérodynamique excessive.
Ensuite, sa première préoccupation est de ramener la moto dans la meilleure position pour l'atterrissage.
Le sol doit être touché tout d'abord par la roue arrière car le train arrière ne provoque pas de variation de la direction au moment de l'impact.
En outre, de cette manière la machine retrouve plus rapidement sa capacité motrice

Les sauts sont très spectaculaires pour le public mais les pilotes essaient de les abréger le plus possible car toute situation où le contact avec le sol est supprimé ralentit la course. Si le saut est inévitable ou bien s'il permet de dépasser un obstacle difficile, on l'accepte tout en essayant d'en tirer le meilleur parti. Il est nécessaire que le pilote connaisse le parcours ou, au moins, ait eu la possibilité de l'examiner avant la course. Le pilote devra également être informé de l'état du sol

LES VIRAGES

Il est impossible d'établir une « trajectoire type » en courbe car les irrégularités du sol peuvent rendre un parcours plus facile et rapide qu'il ne semble l'être en théorie. Si le virage est très serré et lent, un dérapage contrôlé peut être utile, on le provoquera alors en actionnant le frein arrière. En cas de parcours moins tourmenté, la technique du contre-braquage est utilisée en exploitant pleinement la puissance du moteur. Un petit rebord en terre battue sur la partie externe de la courbe peut servir de point d'appui pour augmenter la rapidité en virage

L'appui du pied interne constitue un point d'équilibre supplémentaire qui permet quelques corrections de trajectoire et assure un meilleur équilibre. Bien entendu, dans cette situation, le pilote est assis sur la selle et essaie de serrer le réservoir. En tout-terrain, la technique consistant à déplacer le corps vers l'intérieur du virage ne s'applique pas. En fait, on utilise le mouvement contraire qui permet un meilleur contrôle du véhicule en cas de réaction soudaine

LES MOTOS DE TRIAL

Les motos de trial actuelles, destinées au franchissement d'obstacles, sont des machines très spécifiques qu'il faut réserver aux balades en pleine nature et aux évolutions sur terrains très difficiles. Sur le bitume, il est nécessaire de maintenir une vitesse réduite, ne serait-ce que pour ne pas risquer un refroidissement excessif du groupe thermique. En revanche, si vous choisissez un lieu approprié, à l'écart des routes, une moto de trial vous permettra de vous amuser en toute sécurité, sans les dangers inhérents à toutes les autres catégories de motos.
Les moteurs de trials sont souvent d'une douceur exceptionnelle et ils sont caractérisés par la possibilité de démarrer sans problème en passant le troisième, voire le quatrième rapport. En outre leur maniabilité et leur légèreté sont incomparables. En résumé, essayer une moto de trial est une expérience inoubliable que je conseille à tous.

Les obstacles que les pilotes les plus expérimentés parviennent à surmonter avec ces motos sont totalement infranchissables avec une moto normale et il n'est pas un motard qui n'en soit très impressionné. Même les pilotes de routières « purs et durs » s'avouent « bluffés ». À notre avis, la moto de trial est une excellente école pour tous, car elle permet de comprendre l'importance des mouvements du corps, de la forme physique et du contact étroit avec la machine.

Les repose-pieds sont très relevés par rapport à la partie supérieure de la carrosserie, pour donner la plus grande liberté de déplacement au corps. L'absence quasi totale de selle confirme que la conduite s'effectue pour ainsi dire toujours debout. Les changements de vitesse peuvent être actionnés sans que le pilote ne soit assis.

LES SCOOTERS

Les scooters de la dernière génération ont rencontré un grand succès commercial et ont attiré l'intérêt d'un public différent de celui des motards classiques, surtout en ville

Les scooters sont très maniables et pratiques mais ne permettent pas d'atteindre des vitesses élevées car leurs petites roues ne favorisent pas la stabilité de la moto.

L'effet gyroscopique d'une roue de 18 pouces induit une stabilité en ligne droite qui ne peut pas être comparée, même de loin, à celle donnée par une roue de 12 pouces.

Les constructeurs essaient de remédier à ce problème en allongeant le pas, comme on peut le remarquer sur les gros scooters de cylindrée supérieure, mais à ce moment-là, l'encombrement devient très important, ce qui remet en cause la raison d'être de ce type de véhicule.

En outre, une petite roue affronte les dénivelés avec un angle d'attaque supérieur à celui d'une roue de grande dimension.

Le choc se divise en deux composantes dont une seule (l'horizontale) tend à fléchir la suspension avant, au lieu de la comprimer, ce qui provoque des contraintes structurelles importantes. Les biellettes oscillantes adoptées sur le train avant de la Vespa, par exemple, pallient efficacement l'absorption de la composante horizontale du choc, mais elles sont sujettes à un enfoncement peu agréable.

La conduite d'un scooter nécessite donc de prendre certaines précautions qui s'ajoutent à toutes celles que l'on a exposées dans les chapitres précédents.

LA MANIABILITÉ

Le centre de gravité des scooters est bas et situé à l'arrière, ce qui assure un bon équilibre au véhicule. La légèreté du train avant est compensée par des pneus à la section importante qui nécessitent des pressions de gonflage réduites. Le déplacement du corps vers l'intérieur du virage s'avère totalement inutile. Il est plutôt conseillé de trouver un point d'appui solide avec les jambes pour former un seul bloc avec le véhicule

Les roues de diamètre réduit et la présence de repose-pieds limitent la possibilité d'inclinaisons latérales. En cas de « couché » exagéré, on remarquera la présence de traces très visibles sur le sol. En revanche, la position basse du centre de gravité est très appréciable. Sur des parcours tortueux, des scooters de moyenne cylindrée sont tout à fait capables de tenir tête à des motos beaucoup plus lourdes

Les virages doivent être négociés en douceur et progressivement.
La conduite nécessite beaucoup de précautions et peu d'efforts musculaires. Tout mouvement brusque risque d'avoir des répercussions négatives sur l'adhérence et la rigidité du cadre qui, malgré les efforts des constructeurs, est bien peu efficace d'un point de vue structurel

Il faut éviter de faire dépasser les pieds des repose-pieds pour contrôler la distance par rapport au sol. En effet, la surface d'appui est beaucoup plus large que celle des motos classiques.
Cela implique que les pieds sont écartés de telle sorte qu'en cas de contact avec le sol, ils risquent de se tordre vers l'extérieur.
En revanche, à des vitesses très basses, le scooter est très maniable et un pilote expérimenté pourra se permettre certains « exploits » spectaculaires. Malheureusement, cette maniabilité se transforme en instabilité dès que la vitesse est un petit peu plus élevée. Il faut alors se montrer très prudent. En effet le scooter est un véhicule utilitaire et, même avec un pilote hors pair, il ne pourra jamais réagir comme une moto de sport

LE PASSAGER

Le poids du deuxième occupant et des éventuels bagages modifie à la fois la position du centre de gravité et l'assiette statique de la moto. S'il est absolument impossible d'intervenir sur le centre de gravité, il est, en revanche, possible de remédier au deuxième effet, en rigidifiant nettement la suspension arrière. D'une manière générale, les motos de tourisme de plus de 200 kg à vide ne sont pas influencées d'une manière significative par le poids du passager, alors que les enduros de moyenne cylindrée posent souvent des problèmes car leur train avant est léger. Sur des parcours tortueux, le conducteur devra essayer de trouver la position la plus en avant possible et d'éviter les brusques changements de direction.

Le passager, lui, devra se sentir complètement solidaire des mouvements du conducteur, sans trop s'éloigner de lui, mais sans peser trop non plus sur ses bras. Une position trop en arrière, par exemple en

Pour le deuxième occupant, les voyages en moto sont souvent rendus très inconfortables par la structure à deux niveaux de la selle. Les conducteurs ont souvent du mal à comprendre les souffrances endurées par leurs passagers qui, non seulement ne conduisent pas, mais sont parfois contraints de prendre des positions fort incommodes. Une selle à un seul niveau permet de se déplacer ne serait-ce que de quelques centimètres, ce qui suffit parfois pour modifier sa position et réduire l'engourdissement musculaire

appui sur la poignée arrière de la selle, peut créer des tourbillons aérodynamiques et provoquer des oscillations du train arrière peu souhaitables.
Il est préférable de passer ses bras autour du conducteur ou, sur les parcours plus faciles et en freinage, d'appuyer les mains sur le réservoir, toujours en passant les bras autour du corps de la personne qui conduit.
La disposition des objets les plus lourds nécessite également une grande attention, car ceux-ci doivent être placés sur une partie de la moto dotée d'un support solide et, si possible pas trop loin du sol, pour ne pas influer négativement sur la répartition des poids. Les valises latérales sont donc plus indiquées à cet effet que le coffre arrière, à condition qu'elles soient dotées d'attaches solides.
En fait, la solution la plus appropriée est le sac de réservoir qui s'appuie sur une zone indéniablement solide. Toutefois, ce bagage ne doit pas entraver les mouvements du conducteur du fait de son volume.

UN COMPORTEMENT ACTIF

Il est très important de tenir compte des réactions et du comportement du second occupant, lorsque l'on choisit un style de conduite.
Il est difficile de trouver une personne n'influant pas, par ses déplacements, sur la stabilité en virage : ceux qui ont peur ont tendance à redresser la moto en se raidissant, ceux qui ont une expérience de la conduite (et sont un peu casse-cou) essaieront d'accompagner la moto sur le côté.
Dans tous les cas, il faut bien connaître son passager ou conserver une conduite prudente jusqu'à ce que l'on ait compris comment il réagit

LA RÉSISTANCE AÉRODYNAMIQUE

La résistance aérodynamique provoquée par la présence d'un passager et de bagages modifie le coefficient de pénétration du véhicule. Cela est particulièrement vrai pour les selles à deux niveaux présentant une forte dénivellation. Non seulement, la tête et les épaules du second occupant sont alors plus exposées, ce qui réduit sa résistance physique, mais les réactions du véhicule subissent des variations, aussi bien en présence d'un vent latéral que lors du déplacement d'autres véhicules. Pour voyager en toute sécurité, il est indispensable de bien connaître sa moto, voilà la règle d'or...

LA SÉCURITÉ DU PASSAGER

Sachant qu'il est conseillé de conserver une allure prudente lorsque l'on transporte un passager, il faut ajouter qu'il est préférable de bien connaître les réactions de celui ou de celle qui occupe la moitié arrière de la selle. Si la personne transportée éprouve des sentiments d'insécurité ou de crainte il est absolument inutile, voire dangereux, d'essayer de l'impressionner ce qui aurait pour effet de la déstabiliser émotionnellement.
Il vaut mieux maintenir une allure prudente sans grandes variations de trajectoire, de manière à lui inspirer confiance puis, éventuellement, accélérer un peu, profitant de son calme.
Quoi qu'il en soit, un certain nombre d'habitudes doivent être proscrites, par exemple celle de s'agripper à la poignée arrière qui est, d'une manière générale positionnée derrière la selle ou bien sur les côtés du cadre, dans une position assez reculée. Avec un point d'ancrage de ce type, il est difficile de se tenir, pendant la phase d'accélération notamment. En revanche, lorsque l'on enlace la taille du conducteur, le point d'attache est plus sûr, et, malgré les apparences, on ne gêne pas du tout les mouvements du pilote car, dans ce cas, il est possible de suivre ses déplacements.

ANNEXES

LA COMPÉTITION EN TOUTE SÉCURITÉ

La volonté et le désir de compétition existent dans toutes les spécialités sportives. On peut juger cela comme tout à fait normal ou excessif, mais il faut savoir que lorsque l'on se confronte ou même lorsque l'on affronte d'autres habitués des circuits ou des terrains de cross, l'on comprend rapidement ses propres limites. Si vous êtes tentés de vous lancer sur la route dans des courses effrénées avec des amis ou des inconnus, un conseil : dépensez un peu plus pour votre passion et protégez votre intégrité physique et celle des autres en vous inscrivant sur un circuit. D'ailleurs, une amende pour conduite dangereuse pourrait vous coûter fort cher…

LES CIRCUITS DE VITESSE

ALBI

Circuit d'Albi	
Public/Privé	**Circuit public**
Adresse	**81990 Le Sequestre**
Téléphone	**05 63 43 23 00**
Fax	**05 63 43 23 01**
Site Web	**www.circuit-albi.com**
E-mail	**info@circuit-albi.com**
Longueur	**3 550 mètres**
Largeur minimale	**10 mètres**
Conditions	**Ouvert au public pendant les journées portes ouvertes seulement. Possibilité de location du circuit à la journée. Homologué par la Fédération française de moto (FFM)**

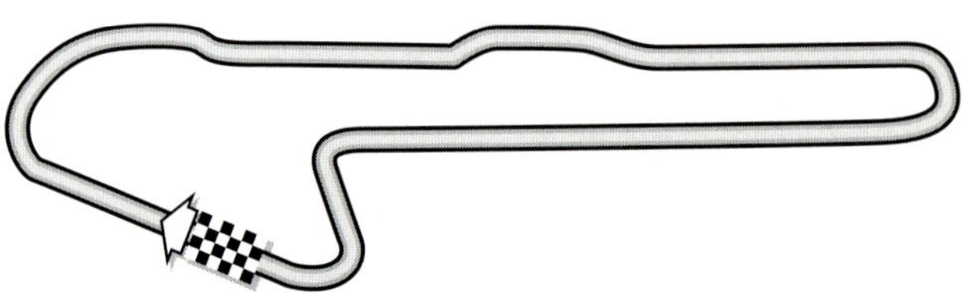

LE BEAUSSET

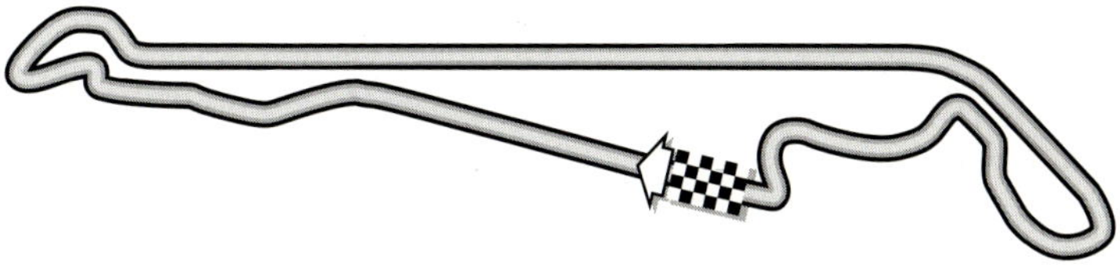

Circuit Paul-Ricard	
Public/Privé	Circuit privé
Adresse	Le Camp-du-Castellet 8333 Le Beausset
Téléphone	04 94 98 45 00
Fax	04 94 90 72 75
Longueur	5 800 mètres
Largeur minimale	16 mètres
Conditions	Le circuit venant d'être racheté par Bernie Ecclestone, la direction du circuit ne prend plus de nouvelles locations. Le circuit doit fermer pour travaux. Homologué par la Fédération française de moto (FFM)

BILZHEIM (ENTRAÎNEMENT)

Anneau du Rhin	
Public/Privé	Circuit privé
Adresse	Bilzheim 23, rue Chauffour 68000 Colmar
Téléphone	03 89 49 99 04 03 89 24 96 99 (le matin)
Fax	03 89 49 99 05 03 89 24 35 82 (le matin)
Longueur	2 919 mètres
Largeur minimale	9 mètres
Conditions	Accès par moto-club uniquement. Essence 98 sur circuit. Homologué par la Fédération française de moto (FFM)

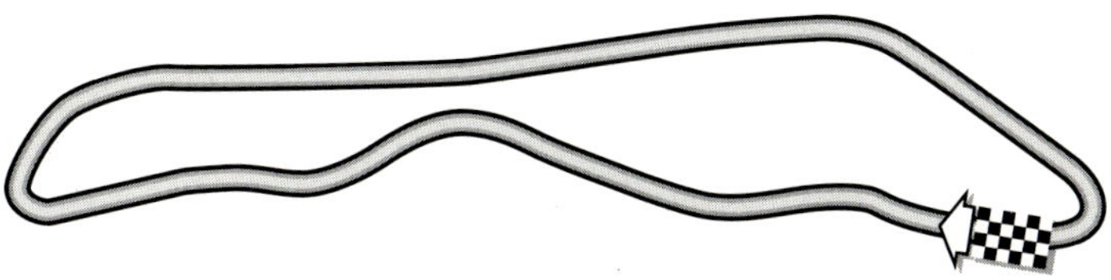

BORDEAUX-MÉRIGNAC

Circuit de Bordeaux-Mérignac	
Public/Privé	Circuit public
Adresse	avenue Marcel-Dassault 33700 Mérignac
Téléphone	05 56 34 21 63
Fax	05 56 34 38 71
Longueur	1 760 mètres
Largeur	12 mètres
Conditions	Présenter carte grise, assurance et permis de conduire. Être équipé d'un casque, de gants, d'un blouson de cuir, de chaussures montantes. Homologué par la Fédération française de moto (FFM)

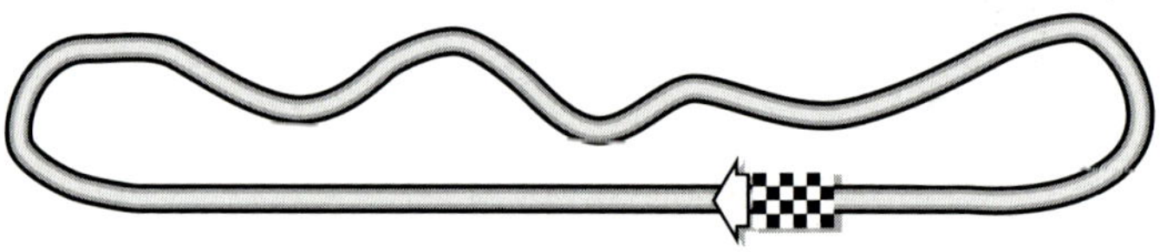

CAROLE

Circuit Carole	
Public/Privé	Circuit public
Adresse	Chemin départemental 40 93290 Tremblay-en-France
Téléphone	01 48 63 73 54
Fax	01 49 89 02 57
Longueur	2 055 mètres
Largeur	9 mètres
Conditions	Gratuit vendredi, samedi et dimanche après-midi, payant du lundi au jeudi. Possibilité de louer le circuit en groupe. Homologué par la Fédération française de moto (FFM)

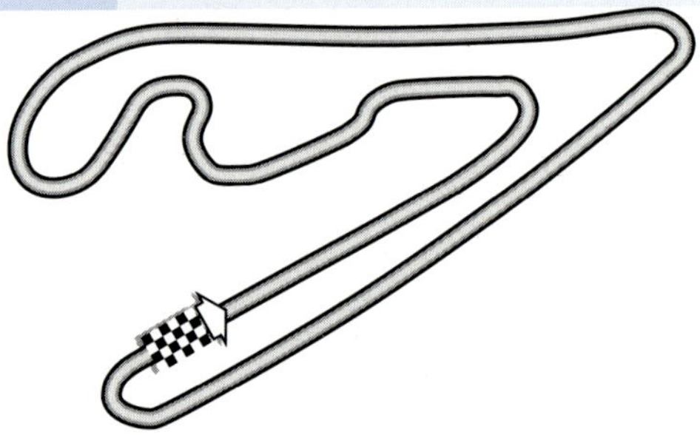

LA CHÂTRE

Circuit automobile de la Châtre	
Public/Privé	**Circuit public**
Adresse	**BP 240** **36400 La Châtre**
Téléphone	**02 54 48 01 49**
Fax	**02 54 48 40 60**
Longueur	**1 100 mètres**
Largeur	**11 mètres**
Conditions	**Séances d'essai libres ouvertes au public le mercredi. Possibilité de louer le circuit en groupe. Non homologué par la Fédération française de moto (FFM)**

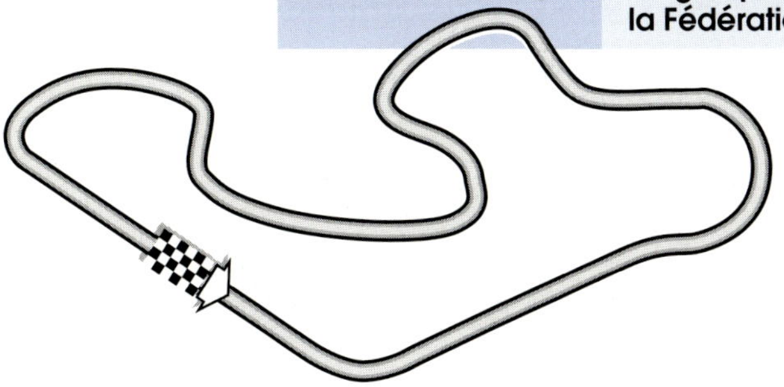

CROIX-EN-TERNOIS

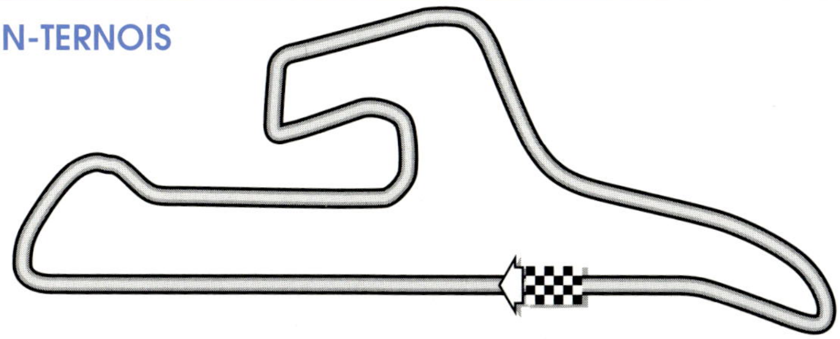

Circuit de Croix-en-ternois	
Public/Privé	**Circuit public**
Adresse	**RN 29** **BP 24** **62130 Saint-Pol-sur-Ternoise**
Téléphone	**03 21 03 30 13**
Fax	**03 21 03 27 20**
Longueur	**1 900 mètres**
Largeur	**9 mètres**
Conditions	**Séances de roulage payantes. Possibilité de louer le circuit en groupe. Homologué par la Fédération française de moto (FFM)**

DIJON-PRENOIS

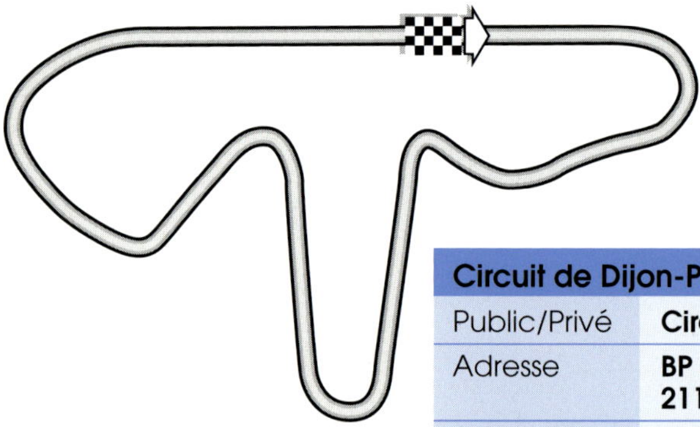

Circuit de Dijon-Prenois	
Public/Privé	**Circuit privé**
Adresse	**BP 33 21121 Fontaine-lès-Dijon**
Téléphone	**03 80 35 32 22**
Fax	**03 80 35 33 22**
Longueur	**3 800 mètres**
Largeur	**n.c.**
Conditions	**Accès par moto-club uniquement. Possibilité de louer le circuit en groupe. Homologué par la Fédération française de moto (FFM)**

FOLEMBRAY

Aisne Folembray (Centre de perfectionnement de sécurité routière de l'Aisne)	
Public/Privé	**Circuit privé**
Adresse	**Rue des Hautes-Avesnes BP 16 02670 Folembray**
Téléphone	**01 60 27 99 74**
Fax	**01 60 26 26 35**
Longueur	**2 050 mètres**
Largeur	**9,20 mètres**
Conditions	**Séances de roulage payantes. Homologué par la Fédération française de moto (FFM)**

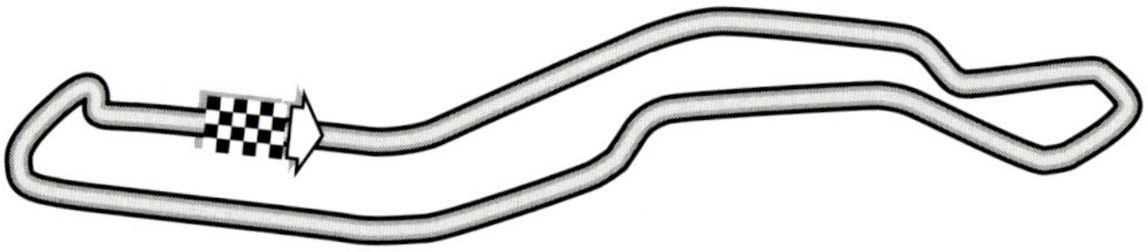

LE GRAND SAMBUC

Circuit le Grand Sambuc	
Public/Privé	**Circuit privé**
Adresse	**13126 Vauvenargues**
Téléphone	**04 42 66 01 66**
Fax	**04 42 66 03 64**
Longueur	**2 000 mètres**
Largeur	**9 à 12 mètres**
Conditions	**Accès par moto-club uniquement. Non homologué par la Fédération française de moto (FFM)**

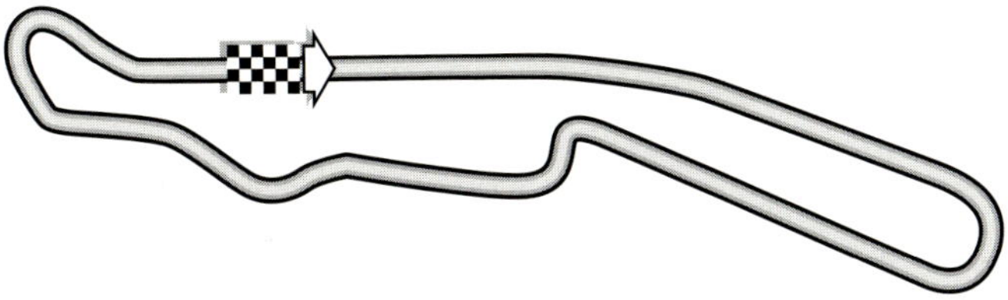

ISSOIRE

Centre européen d'essai et de recherche en technique automobile (CEERTA)	
Public/Privé	**Circuit privé**
Adresse	**ZI Lavaur 63500 Issoire**
Téléphone	**04 73 55 56 56**
Fax	**04 73 55 56 59**
E-mail	**http://www.ceerta.com**
Longueur	**2 700 mètres**
Largeur	**9 mètres**
Conditions	**Séances de roulage payantes le lundi après-midi de 14 h 00 à 18 h 00. Réservé aux moto-clubs pour entraînement les samedi et dimanche. Non homologué par la Fédération française de moto (FFM)**

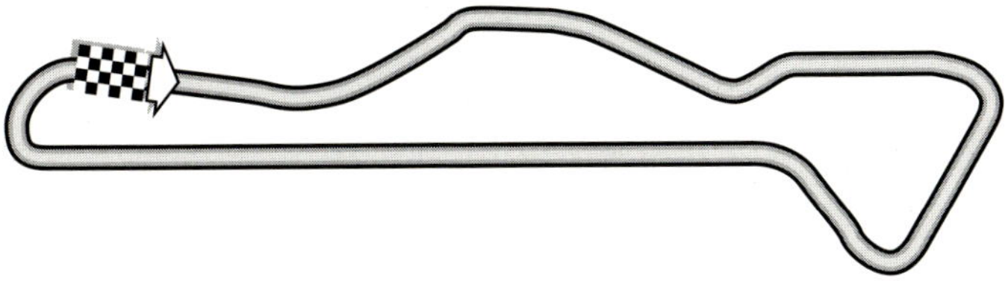

LÉDENON

Circuit de Nîmes-Lédenon	
Public/Privé	**Circuit privé**
Adresse	**30210 Lédenon**
Téléphone	**04 66 37 11 37**
Fax	**04 66 37 15 92**
Longueur	**3 150 mètres**
Largeur minimale	**9 mètres**
Conditions	**Location de pistes en exclusivité, en tarif horaire (une fois par mois environ). Homologué par la Fédération française de moto (FFM)**

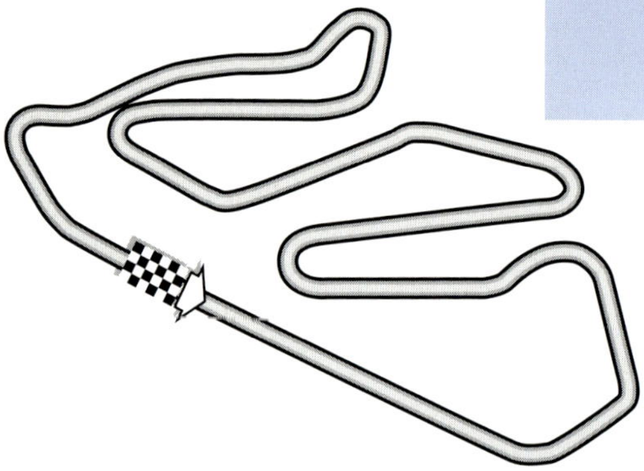

LE LUC

Circuit du Luc	
Public/Privé	**Circuit public**
Adresse	**Route des Mayons 83340 Le Luc-en-Provence**
Téléphone	**04 94 73 46 08**
Fax	**04 94 60 93 19**
Longueur	**2 400 mètres**
Largeur minimale	**7 mètres**
Conditions	**Séances de roulage payantes plus journées « portes ouvertes » et entraînements libres. Non homologué par la Fédération française de moto (FFM)**

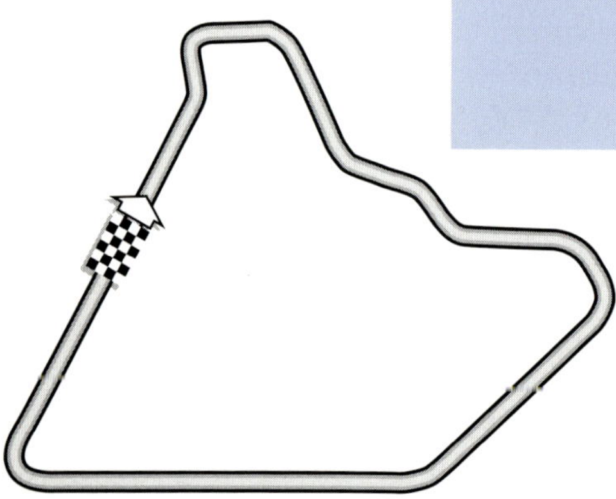

LURCY-LÉVIS

Circuit de Lurcy-Lévis	
Public/Privé	**Circuit privé**
Adresse	**03320 Lurcy-Lévis**
Téléphone	**04 70 67 82 29**
Fax	**04 70 67 89 50**
Longueur	**2 600 mètres**
Largeur minimale	**9 mètres**
Conditions	**Séances de roulage payantes. Non homologué par la Fédération française de moto (FFM)**

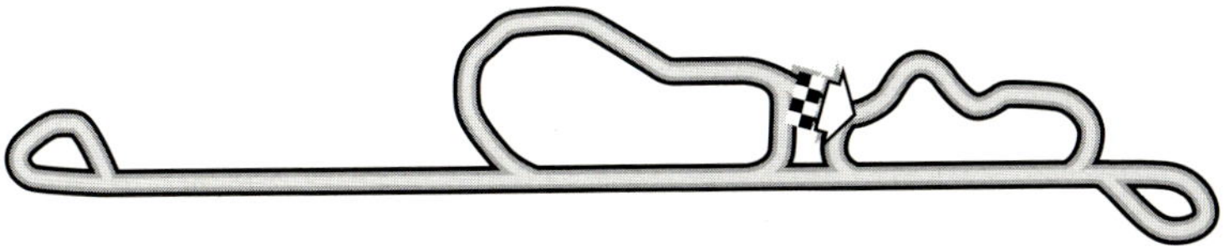

LE MANS

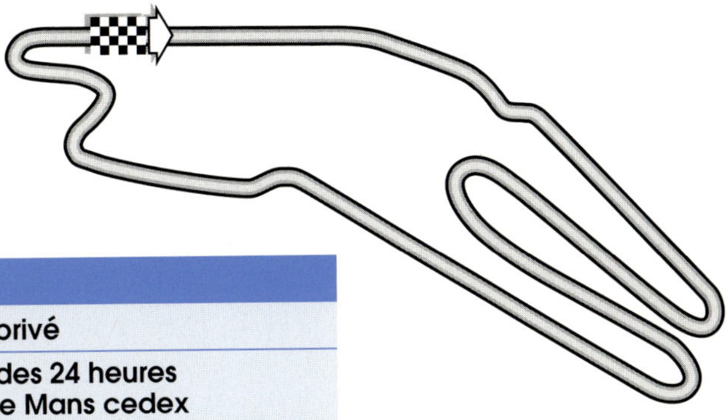

Circuit Bugatti	
Public/Privé	**Circuit privé**
Adresse	**Circuit des 24 heures 72019 Le Mans cedex**
Téléphone	**02 43 40 24 30**
Fax	**02 43 40 24 35**
Longueur	**4 305 mètres**
Largeur	**12 mètres**
Conditions	**Séances de roulage payantes accessibles aux licenciés FFM uniquement. Homologué par la Fédération française de moto (FFM)**

NEVERS-MAGNY-COURS

Saems du Circuit de Magny-Cours	
Public/Privé	**Circuit public**
Adresse	**Technopole 58470 Magny-Cours**
Téléphone	**03 86 21 80 00**
Fax	**03 86 21 81 16 ou 03 86 21 80 54**
Longueur	**4 250 mètres**
Largeur	**de 11 à 24 mètres**
Conditions	**Séances de roulage payantes accessibles aux licenciés FFM uniquement. Homologué par la Fédération française de moto (FFM)**

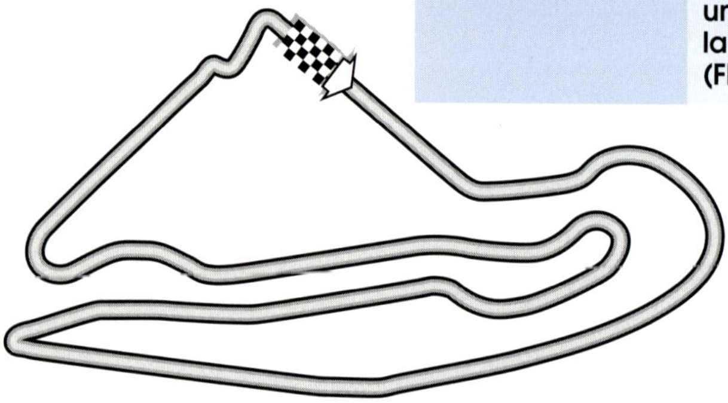

NOGARO

Circuit Paul-Armagnac	
Public/Privé	**Circuit privé**
Adresse	**Route de Caupenne BP 24 32110 Nogaro**
Téléphone	**05 62 09 02 49**
Fax	**05 62 69 05 44**
Minitel	**3615 NOGARO**
E-mail	**circuit-nogaro@circuit-nogaro.com**
Longueur	**3 636 mètres**
Largeur	**11 mètres**
Conditions	**Séances de roulage payantes (demi-journée et journée) et journées-club ouvertes à tous. Homologué par la Fédération française de moto (FFM)**

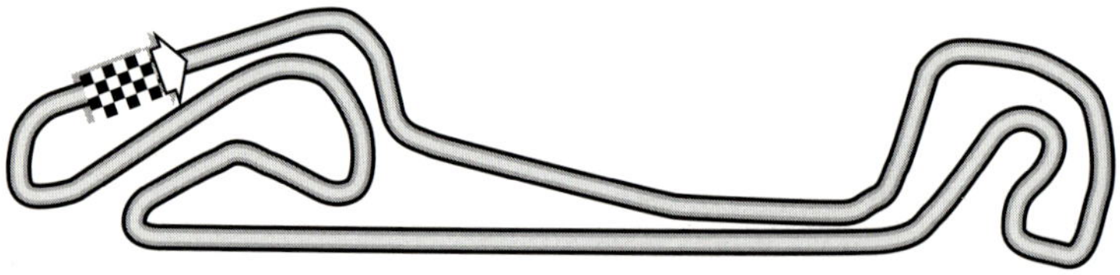

PAU-ARNOS

Circuit européen de Pau-Arnos	
Public/Privé	**Circuit privé**
Adresse	**64370 Arnos**
Téléphone	**05 59 77 11 36**
Fax	**05 59 77 10 55**
E-mail	**Circuit.Pau.Arnos@Wanadoo.fr**
Site web	**http://www.multimania.com/ circuitarnos**
Longueur	**3 030 mètres**
Largeur minimale	**9 mètres**
Conditions	**Séances de roulage payantes. Homologué par la Fédération française de moto (FFM)**

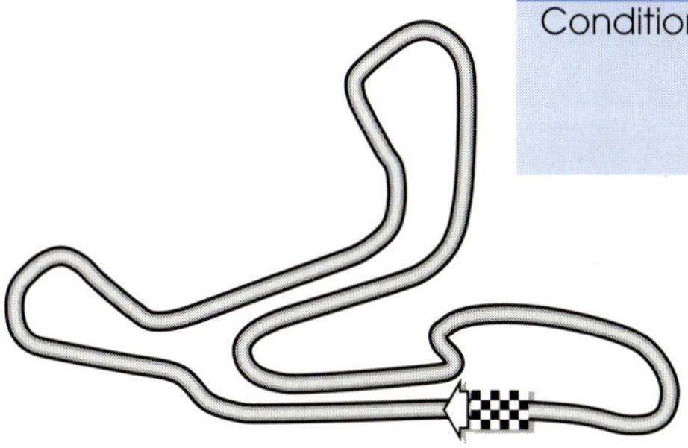

POUILLY-EN-AUXOIS

Dags	
Public/Privé	**Circuit privé**
Adresse	**Maison de l'Auxois Sud Le Seuil 21320 Pouilly-en-Auxois**
Téléphone	**03 80 90 75 55 (heures bureau)**
Fax	**03 80 90 75 56**
Longueur	**1 500 mètres**
Largeur	**10 mètres**
Conditions	**Séances de roulage payantes, possibilité de louer le circuit en groupe. Non homologué par la Fédération française de moto (FFM)**

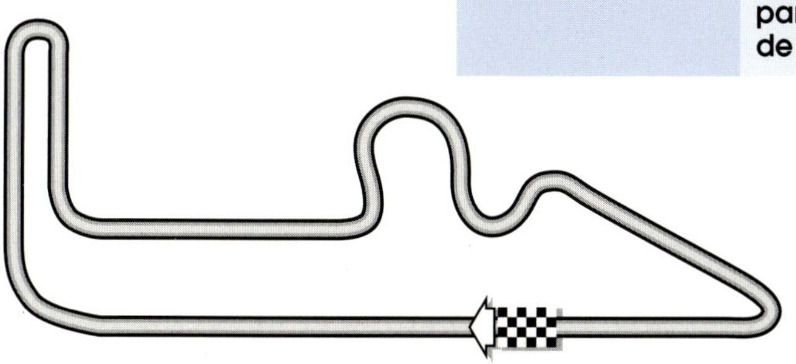

LE VIGEANT

Circuit du Val-de-Vienne	
Public/Privé	**Circuit public**
Adresse	**86150 Le Vigeant**
Téléphone	**05 49 48 86 38**
Fax	**05 49 48 29 34**
Site Web	**http://www.vigeant.com.**
E-mail	**info@vigeant.com**
Longueur	**3 750 mètres**
Largeur	**10 mètres**
Conditions	**Deux à trois manifestations officielles motocyclistes par an. Séances de roulage payantes, réservées aux licenciés FFM. Possibilités de louer le circuit en groupe. Homologué par la Fédération française de moto (FFM)**

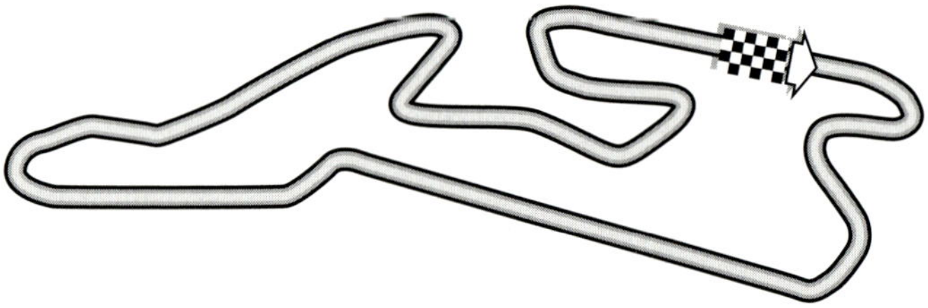

SITES DE MOTOCROSS

Vu le nombre d'installations de motocross existant en France, le plus sûr est de se renseigner auprès de la ligue régionale dont vous dépendez.
En voici la liste :

LIGUE D'ALSACE

3, rue Saint-Exupéry
67500 Haguenau
Tél. : 03 88 93 45 00
Fax : 03 88 93 15 00
Zone d'action : Bas-Rhin (67) - Haut-Rhin (68).

LIGUE D'AQUITAINE

BP 16
33190 Gironde-sur-Dropt
Tél. : 05 56 71 14 98
Fax : 05 56 71 15 50
Zone d'action : Dordogne (24) - Gironde (33) - Landes (40) - Lot-et-Garonne (47) - Pyrénées-Atlantiques (64).

LIGUE D'AUVERGNE

Le Bourget
43390 Auzon
Tél. : 04 71 76 11 19
Fax : 04 71 76 18 63
Zone d'action : Allier (03) - Cantal (15) - Haute-Loire (43) - Puy-de-Dôme (63).

LIGUE DE BOURGOGNE

103, rue de la Noue
89000 Auxerre
Tél. : 03 86 51 57 09
Fax : 03 86 51 47 40
Zone d'action : Côte-d'Or (21) - Nièvre (58) - Saône-et-Loire (71) - Yonne (89).

LIGUE DE BRETAGNE

BP 100
26, rue de Saint-Malo
35120 Dol-de-Bretagne
Tél. : 02 99 48 26 59
Fax : 02 99 48 48 71
Zone d'action : Côtes-d'Armor (22) - Finistère (29) - Ille-et-Villaine (35) - Morbihan (56).

LIGUE DU CENTRE

31, rue André-Gide
45120 Chalette-sur-Loing
Tél. : 02 38 85 64 17
Fax : 02 38 98 37 72
Zone d'action : Cher (18) - Eure-et-Loir (28) - Indre (36) - Indre-et-Loire (37) - Loir-et-Cher (41) - Loiret (45).

LIGUE DE CHAMPAGNE-ARDENNE

2, rue de Puilsieux
BP 36
51360 Verzenay
Tél. : 03 26 49 80 19
Fax : 03 26 49 48 22
Zone d'action : Ardennes (08) - Aube (10) - Marne (51) - Haute-Marne (52).

LIGUE DE CORSE

La Citadelle
BP 85
20250 Corte
Tél. : 04 95 47 00 93
Zone d'action : Corse-du-Sud (20A) - Haute-Corse (20B).

LIGUE DU DAUPHINÉ-SAVOIE

Maison des Sports
Bureau 202
29, côte des Chapeliers
26000 Valence
Tél. : 04 75 42 74 38
Fax : 04 75 43 40 08
Zone d'action : Ardèche (07) - Drôme (26) - Isère (38) - Savoie (73) - Haute-Savoie (74).

LIGUE DES FLANDRES

42, rue du Marécal-Foch
59100 Roubaix
Tél. : 03 20 65 95 95
Fax : 03 20 65 95 99
Zone d'action : Nord (59) - Pas-de-Calais (62).

LIGUE DE FRANCHE-COMTÉ

CROS
19, rue Martin-du-Gard
25000 Besançon
Tél. : 03 84 72 13 50
Fax : 03 84 72 76 46
Zone d'action : Doubs (25) - Jura (39) - Haute-Saône (70) - Territoire de Belfort (90).

LIGUE D'ÎLE-DE-FRANCE

BP 50
77150 Lésigny
Tél. : 01 60 02 03 60
Fax : 01 60 02 03 71
Zone d'action : Paris (75) - Seine-et-Marne (77) - Yvelines (78) - Essonne (91) - Hauts-de-Seine (92) - Seine-Saint-Denis (93) - Val-de-Marne (94) - Val d'Oise (95).

LIGUE DU LANGUEDOC-ROUSSILLON

Saint-Julien-les-Rosiers
30340 Salindres
Tél. : 04 67 78 72 39
Fax : 04 67 78 68 33
Zone d'action : Aude (11) - Gard (30) - Hérault (34) - Lozère (48) - Pyrénées-orientales (66).

LIGUE DU LIMOUSIN

2, résidence Croix-des-Rameaux
87220 Feytiat
Tél./Fax : 05 55 68 47 11
Zone d'action : Corrèze (19) - Creuse (23) - Haute-Vienne (87).

LIGUE DE LORRAINE

Maison des Sports
13, rue Jean-Moulin
54510 Tomblaine
Tél. : 03 83 33 24 14
Fax : 03 83 20 36 27
Zone d'action : Meurthe-et-Moselle (54) - Meuse (55) - Moselle (57) - Vosges (88).

LIGUE DU LYONNAIS

50, quai Fillon
69007 Lyon (pas de courrier à cette adresse)
Correspondance chez le président :
Raymond Guicher,
La Côte-Voyant,
01800 Faramans
Tél./Fax : 04 74 61 06 44
Zone d'action : Ain (01) - Loire (42) - Rhône (69).

LIGUE MIDI-PYRÉNÉES

Chemin des Vignes
Le Pys-d'en bas
09100 Les Pujols
Correspondance chez le secrétaire général :
Alain Bossebœuf,
lot Buffaute,
81150 Castelnau-de-Levis
Tél. : 05 61 60 13 78
Fax : 05 61 60 83 27
Zone d'action : Ariège (09) - Aveyron (12) - Haute-Garonne (31) - Gers (32) - Lot (46) - Hautes-Pyrénées (65) - Tarn (81) - Tarn-et-Garonne (82).

LIGUE DE NORMANDIE

11, route de Cormeilles
27230 Thiberville
Tél. : 02 32 46 81 06 ou 05 53 79 53 75
Fax : 02 32 44 51 69 ou 05 53 79 53 74
Zone d'action : Calvados (14) - Eure (27) - Manche (50) - Orne (61) - Seine-Maritime (76).

LIGUE DES PAYS-DE-LOIRE

10, rue des Émeraudes
44800 Saint-Herblain
Correspondante : Blandine Lepage :
La Bouinais,
44260 Bouée
Tél. : 02 40 56 13 96
Fax : 02 40 56 13 68
Zone d'action : Loire-Atlantique (44) - Maine-et-Loire (49) - Mayenne (53) - Sarthe (72) - Vendée (85).

LIGUE DE PICARDIE

Les Terrasses du Mail
02880 Cuffies
Tél. : 03 23 53 82 54
Fax : 03 23 53 82 47
Zone d'action : Aisne (02) - Oise (60) - Somme (80).

LIGUE DU POITOU-CHARENTE

5, square Louis-Giraudeau
Tasdon
17000 La Rochelle
Tél./Fax : 05 46 44 32 48
Zone d'action : Charente (16) - Charente-Maritime (17) - Deux-Sèvres (79) - Vienne (86).

LIGUE DE PROVENCE

Maison des associations
4, avenue de Verdun
BP 444
06804 Cagnes-sur-Mer cedex
Tél. : 04 93 73 24 51
Fax : 04 93 73 33 43
Zone d'action : Alpes-de-Haute-Provence (04) - Hautes-Alpes (05) - Alpes-Maritimes (06) - Bouches-du Rhône (13) - Var (83) - Vaucluse (84)

LIGUE DE LA GUADELOUPE

Section Lacroix
97139 Abymes
Correspondance chez le président :
Marie-Joseph Geoffroy, chemin Lacroix, Vieux-Bourg, 97139 Abymes
Tél. : 05-90-83 52 78
Fax : 05-90-82 22 47

LIGUE DE LA GUYANE

Correspondance chez la président :
Patricia Ferrand, BP 376, 97378 Kourou
Tél. : 05-94-32 66 68

LIGUE DE LA MARTINIQUE

Maison des Sports
Pointe de la Vierge
97200 Fort-de-France
Tél. : 05-96-51 57 50

LIGUE DE LA NOUVELLE-CALÉDONIE

25, rue José-Maria-de-Hérédia
Magenta
Président : Gilles Pastor
Tél. : 00-687-27 48 01
Fax : 00-687-28 17 11

LIGUE DE LA POLYNÉSIE FRANÇAISE

Correspondance chez la président :
Charles Panilla y Perrela,
BP 255, Mahina Mahinarama,
98800 Papeete
Tél. : 00-689-42 53 52
Fax : 00-689-41 33 36

LIGUE DE LA RÉUNION

Maison régionale des sports 1, route de la Digue
97490 Sainte-Clothilde
Tél. : 0-262-20 09 79
Fax : 0-262-21 48 74

FÉDÉRATION FRANÇAISE DE MOTOCYCLISME
74, avenue Parmentier
75011 Paris
Président : Jean-Pierre Mougin
Tél. : 01 49 23 77 00
Fax : 01 47 00 08 37
E-mail : ffmoto@wanadoo.fr
Minitel : 3615 FFM

TABLE DES MATIÈRES

LEÇONS DE CONDUITE

ANNEXES

Achevé d'imprimer en avril 2000
à Milan, Italie,
sur les presses de Grafiche Milani

Dépôt légal : avril 2000
Numéro d'éditeur : 6207